KB071297

인생의 밀도

인생의 밀도

날마다 비우고 단단하게 채우는
새로 고침의 힘

강민구 지음

청림출판

매가 토끼를 향해
수직으로 내리꽂힌다.

짧지 않은 추락의 시간,
매는 무슨 심정이었을까?

사냥에 실패할까
불안하지는 않았을까?

우리는 갈림길 앞에 서면
주저하게 된다.
선택의 결과가 버겁기 때문이다.

그러나
역사의 수레바퀴는
스스로 방향을 결정했던
이들에 의해 움직였다.

'그러니까'가 아니라 '그럼에도'
앞으로 나아갔던 경험이 쌓이며
조금씩 진하게 짙어지는 삶의 농도,
밀도密度.

스스로를 던졌을 때,
매는 미리 절망하지 않았다.
그것이 매가 보여준 삶의 밀도다.

누구나 비중 있고 영향력이 큰 삶을 살고 싶어 한다. 바라는 대로 살기 위해서는 스스로를 어떻게 발전시켜야 할까. 이미 성장해버린 몸의 크기를 키울 수도 없고, 과학기술의 힘을 빌려 수명을 인위적으로 늘리는 것에도 한계가 있다. 장수한다고 해서 모두 의미 있는 인생인 것도 아니다.

방법은 간단하다. 삶의 질량을 늘리는 방법은 그 밀도를 어떻게 다스릴 것인지에 달려 있다. 부피가 일정하다면 밀도가 클수록 그 물체의 질량은 커진다. 질량이 크면 그만큼 힘도 강해진다. 우리 인생의 힘은 질량을 어떻게 키우느냐에 달렸고, 결국 그 밀도를 어떻게 높이느냐에 달렸다.

'같게 주어지는 24시간을 가지고 각자 어떻게 사용하는 것이 좋은가'라는 질문에는 어떤 생각을 가지고 사는지가 중요하다고 대답할 수밖에 없다. 사유하는 힘은 24시간을 좌우하고, 나아가 인생 전체를 좌우한다. 인생의 밀도는 그 생각하는 바를 좇아 탄탄해지게 된다.

매일 축적하는 지식과 사유와 경험은, 그 과정에서 부대끼는 수많은 인연과 작용 반작용 효과를 만들어 낸다. 그 과정에서 밀도는 단련되고 정제된다. 그래서 책을 읽거나 사람들을 만나 이야기를 나누더라도, 무슨 생각을 지니고 임하는지가 밀도를 만들어 내는 중요한 원동력이 된다.

이 책은 사유하는 힘을 통해 더 높아지는 인생의 밀도에 관한 글이다. 누군가에게 들려주는 인생의 자세에 관한 권유이기도 하고, 스스로에게 건네는 삶의 태도에 대한 다짐이기도 하다.

2017년 1월 11일 부산지방법원을 떠나며 '혁신의 길목에 선 우리의 자세'라는 제목으로 고별강연을 했다. 강연을 담은 동영상이 유튜브에 올라간 후 많은 조회 수를 기록했으며, 지금도 과분한 주목을 받고 있다. 디지털 혁신에 대한 사람들의 관심과 변화에 관한 열망을 확인할 수 있었고, 그 저변에 깔린 불안함도 엿볼 수 있었다. 소셜 미디어를 통한 공유와 전파를 통해 이러한 심리는 전국으로 퍼지고 세대를 초월해 공유되었다. 급변하는 세상의 흐름에 제대로 대비해야 한다는 초조함은 연령과 지위를 가리지 않았고, 한편으로는 '나만 그렇게 느끼는 것이 아니구나' 하는 동질감과 안도감도 느끼게 했다. 그 동질감을 유지하고 그 안도감을 용기로 승화시키는 데 도움을 주고 싶었다.

《인생의 밀도》는 크게 세 부분으로 나뉜다. 1부 〈살아가는 모든 것은 변한다〉에서는 디지털 혁명을 맞아 우리의 세상이 어떻게 바뀌어가고 있는지 조망하고, 그 변화에 대처하는 자세에 관해 이야기하고자 했다. 2부 〈살아남은 어떤 것은 결코 변하지 않는다〉에서는 아날로그와 디지털이 전해주는 이질적인 가치를 어떻게 조화시킬지에 대한 고민을 담았다. 3부 〈변화하고, 변화되고, 변화시켜가고〉에서는 대한민국 사법정보화의 기틀을 만드는 데 동참했던 그 시절의 역사를 반추해 현재의 귀감을 찾고자 했다. 본문 내용에는 다양한 자료가 인용되지만, 이 책의 성격상 상세한 각주는 생략했다.

《인생의 밀도》를 통해 미래 자체를 소상히 전망하려 하는 것은 아니다. 다만 그간 이 사회로부터 받았던 것들을 함께 다시 나누고자 하는 고마움을 담았다. 이러한 상생과 적선지가積善之家의 마음으로 시대의 격변에 당당하게 대처하며 각자의 질량을 높이고, 나아가 이 사회의 질량을 높이는 데 보탬이 되고자 하는 염원을 담았다. 독자들 모두가 꽉 찬 삶의 밀도를 바탕으로 시대의 변화 앞에 마주 서서 의연함을 견지하고 또 드높이기를 간절하게 바란다.

돌아보니 법관으로서 공직을 수행한 지 30년이 지났다. 1985년 5월 육군사관학교 교수로 부임해 나라 지키는 의무를 수행할 당시 처음으로 서버급 컴퓨터를 보고 큰 충격을 받았다. 운 좋게도 격변의 시대 흐름을 다른 사람들보다 먼저 접할 수 있었다. 이때 심어진 결심은 그간 쌓인 경험을 통해 나이테를 이루며 세월을 따라 축적되었고, 재판업무 및 사법행정 과정에서 진지하게 활용되면서 성장하게 되었다.

이를 통해 인생의 밀도를 응시하고 관조하는 시간도 점점 길어지고 깊어지게 되었다. 디지털과의 이러한 인연 덕분에 대한민국 사법정보화에 미력이나마 기여할 수 있었고, 법관의 본분인 재판업무의 효율성도 크게 향상시킬 수 있었다. 각종 스마트한 도구들을 활용해 사유의 힘을 키우는 수많은 순간을 체화시킬 수 있었다.

살아가며 그간 맺은 수많은 인연 덕분에 지금 이 순간에 이르게 되었다. 그 모든 인연에 머리 숙여 감사 인사를 드린다. 이 책이 세상에 나오기까지 많은 가르침과 베푸심을 받았다. 일일이 그 감사한 얼굴들을 거명하지 못하는 실례를 너그러이 이해해 주시리라 믿으며, 동시에 살아가며 두고두고 그 마음의 빚을 갚을 것이

　　　　　　　　　　　　　　　　　　— 인생의 밀도

라 다시 다짐한다.

　한 사람의 삶의 밀도를 높이는 일은 그를 둘러싼, 그리고 그가 함께한 가족에서부터 시작된다. 긴 인생 여정에서, 언제나 함께 해 준 도반이자 반려자인 장형원과 자신만의 인생 목표를 개척하고 있는 세 자녀와 이 책 발간의 인연을 나눈다.

2017년 12월 31일
새로운 갑자를 맞은 날 새벽에
강민구

차
례

1부

살아가는
모든 것은
변한다

1장

우리의 삶에
무엇이
다가오고 있는가?

01. _____ 나는 매일 리부팅을 한다

새벽은 누구에게나 공평하게 주어진다. 시간의 흐름에 따라 아침, 오전, 오후, 저녁, 밤 등 여러 이름으로 달리 불리며 새벽은 하루 내내 진화한다. 새벽을 어떻게 진화시킬지는 스스로에게 달렸다.

　우리는 하루의 끝인 밤을 통해 그 날의 일들을 정리하고, 아침 마다 제로에서 삶을 새로 시작하는 것처럼 하루를 새삼스레 연다. 그래서 하루의 끝과 시작 사이에 놓인 새벽은 우리에게 매우 각별한 순간이다. 빛도 어둠도 아닌 어스레한 새벽은 완전히 잠들지도, 그렇다고 깨어난 시간도 아닌 채 사람의 발자국이 없는 눈밭처럼 맑고 시린 공간이기 때문이다. 어제를 마저 반추하며 과거에 대한 미련과 독하게 결별하는 시간이며, 오늘 일어날 일들을 가만히 헤아리며 새로운 하루에 대한 기대로 팔다리에 힘을 모으는 때

이기도 하다.

누구에게나 동일하게 24시간이 주어지지만 저마다의 새벽이 다르듯 하루의 결과 또한 저마다 다르다. 그래서 새벽을 특별하게 생각하는 사람들은 이 고독한 시간에 홀로 깨어나 스스로를 들여다본다. 누군가는 책이라는 심연에 침잠하거나 글을 토해내기도 하고, 혹자는 가만히 명상에 잠겨 내면을 들여다보기도 한다. 어떤 이는 차가운 물을 끼얹으며 몸에 긴장을 부여하고, 또 다른 이는 텅 빈 거실에서 고요히 음악을 들으며 마음을 달래기도 한다. 새벽을 누리는 모습은 제각각이지만, 새벽을 깨우는 동기는 하나같다. 바로 오늘이라는 새로운 변화를 앞에 두고 기대와 두려움을 담아 스스로를 다시 세우려는 간절함이다.

나는 하루를 스마트폰의 리부팅rebooting으로 시작한다. 스마트폰이나 전자기기에서 리부팅이란 사용하며 쌓인 기억의 찌꺼기를 정리하고 시스템의 오류를 바로 잡기 위해 기기를 재시동하는 작업이다. 스마트폰을 껐다 다시 켜는 지극히 간단하면서 사소한 행위지만, 리부팅은 새로운 하루를 앞에 두고 고요히 나를 재정립하는 마음가짐이기도 하다.

새벽, 나를 다시 정립하는 시간

현대 생활의 필수품인 스마트폰은 '확장된 외뇌^{外腦}'다. 기지개를 켜고 일어나 몸을 깨우는 새벽에, 스마트폰을 리부팅하면서 나의 뇌를 다시 깨운다. 새로운 날의 시작을 맞는 나만의 의식이다. '쉼^{Pause}'의 시간을 통해 어제까지 스마트폰에 어지럽게 쌓인 메모리와 그만큼의 잡념을 정리하는 것이다. 이제 몸과 마음과 뇌를 예열시킬 시간이다. 창을 열어 크게 숨을 쉬면서 여명을 가슴깊이 들이킨다. 이어서 빈속을 따스한 차 한 잔으로 달랜 다음 단단히 채비하고 가까운 산자락에 오른다. 경사는 완만하지만 십여 분 오르다 보면 제법 쌀쌀한 날씨에도 등에 땀이 맺히기 시작한다.

어느 가을날에는 산길에 쌓인 낙엽을 보고 죽음의 필연에 대해 생각한다. 어느 봄날에는 산과 들의 연둣빛 새순을 보면서 생명의 경이로움을 떠올린다. 생각이 발걸음을 앞서게 되면 낙엽이 바스락거리는 소리, 시야 너머로 어른거리는 봄 아지랑이를 통해 찰나의 순간이나마 우주 만물의 변화와 성주괴공^{成住壞空}의 섭리를 엿본 것 같다는 착각에 빠지기도 한다.

소립자 이하의 미시세계에서 보면 눈에 보이는 물체의 99.9퍼센트는 비어 있다. 극히 작은 핵과 텅 빈 공간을 확률적으로 떠도는 전자구름이 춤을 추며, 양성자와 중성자와 전자를 이루는 쿼크 단계 이하는 진동하는 끈의 에너지 요동이다. 물질과 에너지는 서로 다르지 않으니 아인슈타인의 $E=MC^2$ 방정식에 따라 그 관계가 삼라만상에 설정된다.

어제의 미련과 결별하기 위해 시작된 산행은 어느새 오늘의 생각으로 침잠한다. 그렇게 한 걸음 두 걸음 생각과 함께 발을 내딛다 보면 산사의 불이문^{不二門}에 도달해 있다. '불이'는 여러 해석이 가능하나 번뇌와 해탈이 둘이 아니라는 뜻도 있다. 불이문에 들어서니 새벽기도를 위해 산행에 오른 누군가의 어머니가 스쳐 지나간다. 흘깃 쳐다본 그의 표정에는 자식에게 향할 기도의 염이 서려 있다.

누군가는 기복을 비는 신앙이 종교를 대하는 바른 자세가 아니라고 말한다. 집착을 내려놓는 곳에 간절한 욕망을 안고 들어선다고도 한다. 그러나 여러 사람들의 숨이 엉켜 거대한 흐름을 이룬 세속이 우리를 휘감고 있는 이상, 우리는 속된 삶에서 쉬 벗어날 수 없다. 사제나 목사, 승려 등 종교지도자의 맑은 삶은 존경스럽지만 우리는 지금 여기에서 매일 새벽마다 욕심, 불안과 타협하며 깨어나야 한다. 그리고 모든 종교는 속된 공간에서 떠나 맑은 기운을 유지하는 것이 아니라 속세를 사는 때 묻은 이들에게 안식을 주는 기도에서 출발했다. 번뇌와 해탈은 둘이 아닐 것이다.

아침, 나로 다시 돌아가는 순간

생각에 파묻히다 보면 종종 어떤 단상이 스치듯 떠올라 저 멀리로 도망친다. 나는 걸음을 잠시 멈추고 스마트폰을 켜 에버노트^{Evernote} 앱에 손가락이 아닌 목소리로 글을 적어나간다. 긴 꼬리를 남기고 저 멀리 달음질쳐 사라지려는 찰나의 단상을 첨단기기의 도움을 받아 움켜잡는다. 살아 움직이는 언어가 스마트폰의 액정 속에서 헐떡거리며 뭉클대고 있다. 더 깊게 음미할 만한 소재라면 걸음을 멈춘 보람이 그만큼 커진다.

내려올 때는 길을 바꿔 편백나무 숲길을 따라 걷는다. 숲이 품은 피톤치드를 삼키며 돌아가야 할 곳으로 발걸음을 옮기다 보면 어느새 새벽이 아침으로 진화했음을 느낀다.

새벽마다 90분 정도 명상 보행을 누리는 일은 호사스러운 여유로 비칠 수 있다. 그러나 새벽의 명상 보행은 하루에서 뺄 수 없는 중요한 나의 첫 일과다. 많은 이들이 새해마다 새벽부터 살겠다고 다짐하지만, 며칠 가지 못해 곧 포기하고 만다. 사람들은 보통 아침부터 산다. 그들이 새벽부터 살지 못하는 까닭은 게을러서나 의지가 약하기 때문이 아니다. 새벽부터 사는 것과 아침부터 사는 것의 차이를 깊이 고민할 겨를이나 기회를 갖지 못했을 뿐이다.

현대인은 스스로를 가리켜 상어나 백조에 빗대고는 한다. 그 익숙한 비유처럼 우리는 평생 끊임없이 헤엄쳐야 겨우 살 수 있으며, 물질을 멈추는 순간 가라앉게 된다. 살아 있는 동안 쉼 없이 변해야만 한다는 서슬 퍼런 이야기에는 쉬지 않고 노력해야 한다는 채찍질뿐만 아니라, 변화의 시기마다 '꺼삐딴 리'처럼 적응하고 변신해야 한다는 부담도 숨어 있다.

아침부터 사는 일은 어렵지 않다. 다만 숨 가쁜 변화의 속도 속에서 살아가는 큰 방향이 어디로 향해야 하는지 매순간 경각하고 깨닫기는 어렵다. 새벽부터 사는 일은 쉽지 않다. 대신 눈을 뜨자마자 당장 닥친 변화가 아닌 '왜 살아야 하는지', '어떻게 변화할 것인지'를 고민하고 궁리하는 기회를 갖게 된다. 그래서 현대인에게 '잠시 멈춤'인 새벽의 순간은 오롯이 홀로 시작하는 몸과 생각의 소박한 수련이기도 하다.

쉼 없는 밤을 살았기 때문에 특별한 새벽을 보내기 어려울 수도 있다. 그렇다 하더라도 스스로를 리부팅하는 시간을 습관으로 쌓아야 한다. 껐다가 다시 켜는 과정을 거치지 못한 사람은 하루하루를 살아오며 조금씩 쌓여온 정리하지 못한 미련에 잠식된다. 그 찌꺼기들은 몸 곳곳에 스며들어 녹이 되고, 사람을 보다 빨리 마모시킨다. 마모된 사람은 변화에 대한 대응이 더딜 수밖에 없다. 제대로 대응하지 못할 것이라는 두려움은 변화 자체를 두려워하게 만든다. 오늘 닥쳐올 변화가 두려울수록 오히려 어제와 결별하는 리부팅의 시간을 반드시 가져야 하는 까닭이다. 무언가를 시작하기 전에 잠시 숨을 멈추는 순간을 가지는 것은 일종의 생존본능이기도 하다.

매일 나는 다시 태어난다

산에서 돌아온 나는 고구마밥과 같은 간단한 아침식사를 마치고 출근길에 나선다. 사무실에 들어서면 밤사이 일어난 세계 각국의 뉴스들을 잠시 살펴본다. 국제 뉴스들은 네 개의 모니터 위에서 실시간 번역기능을 통해 간단히 확인할 수 있다. 하루 일정을 점검한 다음 커피 원두를 넉넉하게 갈아 함께 일하는 이들과 나누며 하룻밤 사이 안부를 새삼스럽게 묻는다.

이렇게 오전이 시작된다. 다시 숨 가쁜 하루는 오후, 저녁, 밤으로 진화한다. 매일 반복되는 하루의 찌꺼기가 나를 파묻는다. 그리고 다음날 다시 찾아오는 새벽에서 이러한 찌꺼기 속에서 나를 꺼내는 과정이자 스스로를 재정립하는 의식을 가진다. 이 리부팅의 순간은 새로운 하루를 감당할 수 있는 기대와 힘을 축적하게 해 준다.

리부팅은 오늘이 어제보다 더 새롭고 진화할 것이라는 기대와 의지를 담은 간절함의 행위다. 그래서 리부팅은 새벽마다 어느 사찰, 어느 성당, 어느 예배당에서 정성을 들이는 어머니들의 기도와 비슷하다. 기도는 요행을 바라는 이기적인 욕심이 아니다. 주어진 삶에서 최선을 다하고자 정신과 몸을 하나로 모아 간절하게 다짐하는 숭고한 마음가짐이다. 예배당, 성당의 새벽기도나 높은 산 사찰에 가서 지극정성을 기울이면 효험이 있다는 이야기를 단지 미신으로만 치부할 수는 없다. 간절한 기도와 함께 하루를 시작했다면 삶이 주는 예상 밖의 돌발 상황에 대해서도 담담하고 또 의연할 수 있을 것이다.

　나는 오늘도 잠시 멈춰 스스로를 재정립하며, 다시 닥쳐오는 새로운 날의 변화 앞에 간절한 마음으로 선다.

02. _____ 이미 일상으로 닥쳐온 변화

버스에서 내릴 준비를 하며 벨을 누를 때마다 버스를 퉁퉁 치며 시원스럽게 "오라이"를 외치던 오래전 우리의 누이들을 떠올린다. 버스는 승객들을 모두 태우기에는 터무니없이 좁은 공간이었지만 그럼에도 그들은 그 조그만 체구에서 무슨 힘이 나오는지 어떻게든 승객들을 모두 안으로 밀어 넣었다.

만원버스만큼이나 열악한 환경에서 힘껏 버텼던 그들은 1989년을 마지막으로 사라졌다. 1984년부터 버스에 안내방송이 시작되고 하차를 알리는 벨이 도입되었으며 요금 처리 또한 버스기사만으로 충분히 감당이 될 만큼 자동화되었기 때문이다.

기억을 미화시켜 돌이킨다는 것은 이미 과거로 완료된 풍경이라는 뜻도 된다. 그래서 우리는 그 시절 그들을 떠올릴 때마다 '그

땐 그랬지'라는 아련한 추억에만 잠기지 못한다. 그때 서서히 사라져 간 이들의 처지가 곧 내게도 닥칠 것 같다는 두려움 때문이다.

매일 새벽 눈을 뜰 때마다 세상이 변하고 있다. 그 속도에 적응했다 싶으면 어느새 세상은 다시 우리가 전망할 수 없는 영역으로 빠르게 달음질친다. 백 년 전 사람들은 백 년 후를 즐겁게 낙관했다. 그러나 지금 여기를 사는 우리는 불과 일 년 후도 제대로 예측하기 힘들어한다. 미래를 생각하면 덜컥 겁부터 나는 까닭은 이 가파른 속도 때문이기도 하다.

SF가 예언서가 된 지금 여기

오늘날 세상은 수십 년 전 전망했던 모습과는 다르다. 허리춤에 레이저권총을 찬 채 안드로이드와 은하계 너머로 모험을 떠나는 일은 여전히 현실화되지 못하고 있다. 그러나 어떤 부문에서는 과거에 생각조차 하지 못했던 방향으로 발전을 거듭하고 있고, 또 어떤 부문은 과거의 상상을 무서운 속도로 따라잡고 있다.

일론 머스크Elon Musk가 이끄는 민간 기업 스페이스 엑스에서는 팰콘 나인Falcon 9이라는 우주발사체를 개발해 지금까지도 쏘아올리고 있다. 거대한 로켓을 우주로 올리기 위해서는 국가 정도나

되어야 감당할 수 있는 막대한 비용을 각오해야 한다. 그럼에도 민간 기업이 연속적으로 로켓을 발사할 수 있는 비결은 그들이 개발한 신기술에 있다. 팔콘 나인은 발사체인 1단 추진로켓이 우주선을 띄운 다음 대서양 부표 바지선으로 수직 착륙한다. 그럼으로써 10톤이 넘는 추진로켓을 다시 사용할 수 있게 되었다. 지금까지의 방식처럼 추진로켓을 한 번 쓰고 버리지 않는다면 우주여행의 비용은 10분의 1, 20분의 1로 줄어든다.

보스턴 다이내믹스Boston Dynamics는 구글을 거쳐 일본 소프트뱅크에 인수된 로봇공학 기업이다. 그들은 가사노동을 대신해줄 수 있는 사족보행 로봇들을 꾸준하게 선보이고 있다. 2016년 4월 공개된 영상을 보면 사족보행 로봇 시리즈 가운데 하나인 스팟 미니Spot Mini는 포복으로 이동하는 시늉을 하고 계단을 무리 없이 오르는가 하면 싱크대에 가서 유리잔을 제자리에 놓고 맥주 캔을 쓰레기통에 정확하게 집어넣는다. 무엇보다 바나나를 밟고 미끄러졌다가 스스로 일어나는 모습이 놀라웠다. 일 년 후인 2017년 11월 업데이트된 영상에서 확인할 수 있는 스팟 미니의 움직임은 여느 네발 동물들처럼 부드럽기까지 했다.

2016년 중국의 드론업체 이항Ehang에서는 드론 '이항 184'를 공개했다. 비행고도 900미터, 시속 100킬로미터로 하늘을 나는 자율주행 비행기 정도는 특별하지 않을 수도 있다. 그러나 '이항 184'는 100킬로그램 한도 내에서 사람을 태울 수 있다. 군사적인 목적으로 쓰이거나 어른들의 비싼 장난감인 줄로만 알았던 무인 드론이, 사람이 탑승할 수 있는 상용 비행택시로 운용될 수 있는 가능성이 열린 것이다. SF영화 속의 이야기가 아니다. 땅에서는 자율주행차량이 사람들의 운행을 맡는다면 하늘에서는 '이항 184'가 그 역할을 맡게 될 날이 머지않았다.

혁신적 기술과 창조적 파괴

외부로부터 강제적으로 근대를 주입받았던 때부터 우리에게 변화란 항상 급작스럽게 닥쳐온 재해에 가까웠다. 급격한 변화라는 상황을 앞두고 당장 떠오르는 생각은 사라지는 직업들에 관한 전망과 염려. 구글 딥마인드DeepMind에서는 알파고의 최종 버전인 알파고 제로AlphaGo Zero를 연구한 결과로 2017년 《네이처Nature》지에 '인간의 지식 없이 바둑 마스터하기'라는 제목의 논문을 공개했다. 알파고 제로는 기본적인 바둑 규칙만 제공받은 채 출발했지만, 오직 자체 대국에 의한 딥러닝Deep Learning만으로 다른 알파고들과의 대결에서 압도적인 승률을 기록했다. 앞으로 스스로 학습할 줄 아는 인공지능은 바둑을 넘어 수많은 영역에 적용될 것이다.

이를 예견이라도 한 듯 2013년 옥스퍼드대에서는 '우리의 직업을 얼마나 컴퓨터에게 내줄 것인가'에 대한 보고서를 일찌감치 내놓았다. 보고서의 전망에 따르면 인공지능의 발달로 앞으로 20년 내에 702개 직업 가운데 약 47퍼센트의 직업이 사라진다.

실제로 2016년 11월 중국에 방문해보니 항저우와 상하이 법원에는 속기사가 없었다. 광둥어부터 베이징어까지 중국 내 다양한 사투리들이 음성 인식 프로그램에 의해 자동으로 기록되고 있었으며, 소수의 인원들만이 남아 그 기록을 교열하며 오탈자를 수정하고 있었다. 바로 얼마 전까지 법정의 모든 말을 글로 기록했을 속기사들의 80퍼센트는 법정에서 사라졌다. 비관적으로 단언하자면 동시통역을 비롯해 의료 및 법률에 이르기까지 앞으로 5년에서 10년 안에 수많은 분야에서 인공지능이라는 격변이 닥칠 것이다. 우주여행과, 가사 도우미 로봇과, 자율주행차량이 우리에게 성큼성큼 다가오고 있는 모습들만 봐도 그렇다.

역사를 돌이켜보면 변화의 물결 속에서 사라지는 만큼 새로운 일자리 또한 창출되었다. 그러나 변화에 적응해나가기까지 시간차가 있다는 것 또한 사실이다. 많은 이들이 그 혼란스러운 시간에서 기회를 잡았지만, 그만큼 많은 이들은 낙오되고 말았다.

— 살아가는 모든 것은 변한다

정보의 비대칭성이 부른 큰 온도차

변화가 자연재해처럼 어느 날 갑자기 들이닥친다고 느끼는 까닭은 정보의 비대칭성 때문이다. 앞서 예를 든 드론택시 '이항 184'가 누군가에게는 식상하겠지만 누군가에게는 전혀 듣지도 못한 새로운 이야기일 수 있다. 그리고 곧 일상으로 다가올 정보들과 단절된 채 살아가는 상당수 사람들은 어느 날 가사노동을 대신하는 로봇과 드론택시의 등장에 큰 충격을 받을 것이다.

나는 이세돌 9단과 알파고 리 버전 간의 대국이 있기 전 알파고가 무난하게 이길 것이라고 공공연하게 이야기했다. 훗날 구글에서 발표한 자료를 보니 구글은 인공지능을 시험하기 위해 서버 CPU 기준 3,000여 대의 용량(CPU 1,920개, TPU 48개)을 가진 컴퓨터 자원을 광케이블로 연결했다. 이처럼 무서운 성능의 컴퓨터로 작동되는 알파고를 개발하기 위해 구글 딥마인드의 직원인 박사급 인재 150여 명이 오랫동안 달라붙었다. 개발비용에 대해서는 발표되는 자료마다 다르지만 슈퍼컴퓨터 구축을 위해 투입된 비용으로 150억 원이, 알파고를 훈련시키는 데 약 100억 원 가량이 소요된 것으로 추산된다.

지금까지 꺼낸 숫자만으로도 터무니없는 액수지만 구글이 인공지능 프로젝트에 투자한 자본에 비하면 초라해진다. 구글은

21세기 초부터 차세대 먹거리로 인공지능을 지목한 다음 알파고의 공개까지 15년 간 약 34조 원에 이르는 천문학적인 금액을 투입해왔다. 그 결과는 우리가 숨죽여 텔레비전을 지켜본 바대로다. 이세돌 9단이 거대기업과 천재 150명으로 이뤄진 집단지성과 대결해 한 차례 승리를 거둔 것은 그것만으로도 위대한 기적이었다.

대국 이후 공개된 뒷이야기들을 들어보면 쓸쓸한 부분도 있다. 이세돌 9단 측에서는 대국에 앞서 백만 달러의 상금에 별다른 고민 없이 사인했다고 한다. 세간에 회자되는 이야기가 있다. 만약 이세돌 측에서 천만 달러 정도로 대국료를 역제안했더라도 구글 측에서 반드시 수락했을 것이라는 추측이다. 이세돌 9단과 알파고 간의 대국 이후 구글의 회사 가치는 약 58조 원이 상승했다. 진위 여부는 모르겠지만, 구글 측에서 오랫동안 준비한 만큼 이세돌 9단에게 처음 제시한 금액보다 훨씬 큰 액수까지 각오했을 것쯤은 어렵지 않게 추측할 수 있다.

누군가는 이미 준비하고 있는 미래

구글에서 개발 중인 핸들과 액셀러레이터가 없는 자율주행차량은 2016년 말 320만 킬로미터의 주행에 성공했다. 구글의 지주회

　　　　　　　　　　　　—— 살아가는 모든 것은 변한다

사인 알파벳의 자회사 웨이모^{Waymo}는 2017년 11월 미국 애리조나 주 피닉스에서 완전 자율주행 택시의 시범 서비스를 시작했다. 현대자동차에서 출시한 제네시스 EQ900나 G80, G70 또한 고속도로에서 차선을 유지하고 차가 밀릴 때 잠시 운전자가 쉬어도 될 정도의 제한적인 자율주행이 가능하다. 이와 같은 추세라면 자율주행차량은 법률 정비와 시가지 상황에서의 혹독한 검증을 통과한 5년에서 10년 이내에 완전 자율주행이 가능한 레벨4 단계의 상용화에 성공할 것이다.

자율주행차량이 보편화된 가까운 미래를 상상해본다. 우버 시스템과 전기차, 자율주행차량이 합쳐짐에 따라 개인이 비용을 들여가면서 집에 차를 소유할 필요가 없는 세상이 곧 도래할 것이다. 세계적인 미래학 전문가인 케빈 켈리^{Kevin Kelly} 또한 《인에비터블 미래의 정체^{The Inevitable}》에서 가까운 미래는 사람들이 필요한 모든 물품을 소유하지 않고 '구독'하는 세상이 될 것이라고 예측한 바 있다.

또는 정반대로 자율주행차량이 스마트폰처럼 대학생부터 노인까지 누구나 소유해야 할 필수품이 될지도 모른다. 운전이라는 노동에서 해방됨으로써 생활반경이 지금보다 훨씬 늘어날 수도 있다. 그렇게 된다면 직장이 서울이라도 굳이 수도권에서 살 필요가 없어질 것이고, 거리의 차이나 그에 따른 이동시간의 차이가 업무에 별다른 지장을 주지 않게 될 것이다.

물론 모두 상상일 뿐이다. 하지만 모두 일리 있고 합리적으로 예측 가능한 상상이다. 그러나 우리는 자율주행차량의 시대가 온다는 이야기를 들으면 당장 트럭과 버스, 택시 운전사와 같은 운수업 관련 종사자들의 실직을 떠올리는 데에서 상상을 더 진행하지 못한다. 그 와중에도 누군가는 생활반경이 넓어질 것이라는 합리적 추측에 근거해 가까운 지방도시에 미리 집을 마련하고 있고, 차에서 지내는 시간이 길어질 것이라는 합리적 기대를 통해 차 안에서 즐길 수 있는 소프트웨어나 편의시설을 일찌감치 개발하고 있다. 나아가 자율주행차량과 스마트홈과의 결합을 통해 사람과 기기 모든 것이 연결되는 새로운 세상으로 이미 몇 걸음씩 발을 떼고 있다.

익숙한 오늘의 안온함에서 벗어나는 모든 변화는 두렵고, 또 두렵다. 그러나 누군가는 변화를 능동적으로 받아들여 준비하고, 누군가는 두려움에서 벗어나지 못한 채 수동적으로 변화에 끌려다닌다. 역사를 살펴보면, 수동적이고 소극적인 대처는 대개 더 큰 두려움을 불러왔다.

03. _____ 4차산업혁명은 아직 없다

언젠가부터 '4차산업혁명'이라는 말이 우리 주변을 떠돌고 있다. 그 말이 언제 처음으로 쓰였는지는 불명확하다. 그러나 2016년 1월 스위스 다보스에서 개회된 46회 세계경제포럼에서 '4차산업혁명의 이해Mastering the Fourth Industrial Revolution'가 논의된 이후부터 본격적으로 우리 사회에서 회자된 것만큼은 분명하다. 그 자리에서 클라우스 슈밥Klaus Schwab 세계경제포럼 회장은 "우리는 지금까지 우리가 살아왔고 일하고 있던 삶의 방식을 근본적으로 바꿀 기술혁명의 직전에 와 있다. 이 변화의 규모와 범위, 복잡성 등은 이전에 인류가 경험했던 것과는 전혀 다를 것이다"라고 세계 오피니언 리더들에게 천명했다.

이후 이세돌 9단과 알파고의 대국이라는 역사적인 사건을 목격한 경험이 맞물리면서 한국은 '4차산업혁명'이라는 열병을 크게 앓았다. 미래기술과 크게 관련이 없을 것 같은 분야에서도 새로운 시도를 설명하며 '4차산업혁명'이라는 단어를 꺼냈고, 4차산업혁명을 언급한 도서들이 속속 베스트셀러에 오르기도 했다. 12월에서 5월로 앞당겨 치러진 2017년 제19대 대통령선거에서 후보들이 너도나도 4차산업혁명 관련 공약을 주요하게 다룬 일은 이러한 풍경에 대한 화룡점정이었다. 4차산업혁명은 당장 마쳐야 하는 숙제처럼 느껴졌고, 그만큼 우리에게 익숙해졌다.

그러나 당장 거리로 나가 시민 아무나 붙잡고 식상하게까지 느껴지는 4차산업혁명에 대해 설명을 부탁해보면 대개는 시원스러운 답변을 하지 못할 것이다. 어느 정도 정리된 답을 들을 수 있다고 하더라도 묻는 입장에서는 들을수록 혼란에 빠질 것이다. 한국인들이 저마다 설명하고 있는 4차산업혁명에 대한 정의가 제각각인 데다가, 상당수는 '3차산업혁명', 더 거슬러 올라가 '제3의 물결'에 대한 설명과 크게 다르지 않을 것이기 때문이다.

'4차산업혁명'은 없다

4차산업혁명에 대한 유일무이한 정의를 내릴 수 있다는 확신이

― 살아가는 모든 것은 변한다

나, 4차산업혁명이 주도하는 미래상을 정확하게 예견할 수 있다는 자신은 부족할 수도 있다. 다만 사법정보화 전문가로서 그리고 4차산업혁명을 경험할 당사자로서 지금까지 변화에 대한 조바심만을 대변했던 우리의 4차산업혁명이라는 구호에 대해 전망은 할 수 있다.

'4차산업혁명'은 한국에서만 유행하고 있는 용어라고 볼 수도 있다. 다른 나라들에서는 4차산업혁명 대신에 '디지털 변혁Digital Transformation'이라는 용어를 즐겨 쓴다. 물론 차세대 기술을 선도하고 있는 국가들에게 우리와 비슷한 용도로 쓰이는 구호가 없는 것은 아니다. 독일에서는 국가 프로젝트로 '인더스트리 4.0'이 운용되고 있으며, 미국에서는 제너럴 일렉트로닉스 사가 주창한 '산업 인터넷industrial internet'이라는 용어가 있다. 일본에서도 2015년 '로봇혁명실현회의'에서 나온 '로봇 신전략'이 진행되고 있고, 중국에는 제조업 활성화를 목표로 발표한 산업고도화 전략인 '제조 2025'가 4차산업혁명과 유사한 개념으로 꼽힌다.

이렇게 국가별로 다양하게 불리는 미래전략 가운데 많은 전문가들이 한국의 4차산업혁명과 가장 유사한 용어로 꼽는 것은 독일의 인더스트리 4.0이다. 이에 대해 이명호 여시재 솔루션 디자이너는 다음과 같이 말했다.

── 인생의 밀도

독일이 주목한 것은 독일의 제조 현장이었다. 고급의 기술력을 보유한 숙련 노동자, 기술자들이 고령화되어 은퇴하고 노동력이 감소하고 있는데, 어떻게 독일의 기술력과 경쟁력을 유지할 것인가는 하나의 중요한 과제였다. 그래서 생산과정의 정밀한 데이터를 수집해 분석 제어하는 방법으로 노하우를 담고, 고령화와 노동력 감소를 자동화의 극대화로 극복하려고 했다. 그리고 대량생산 대량소비에서 고객 맞춤형 생산으로, 제품에서 서비스로 고객의 요구가 변화하는 추세에 맞게 유연 생산 시스템, 즉 스마트 공장을 발전시켰다. 이러한 노력을 거쳐 독일의 하이테크^{High Tech} 전략을 체계화시킨 것이 인더스트리 4.0이다.

《IT조선》 2017년 4월 8일자

반면 클라우드 슈밥이 이야기하고 우리가 받아들인 4차산업혁명의 핵심은 사물인터넷^{IoT}, 클라우드 컴퓨팅^{Cloud Computing}, 빅데이터^{Big Data}, 모바일^{Mobile} 및 인공지능과 머신러닝을 기반으로 하는 디지털 혁명이다. 곧 닥쳐올 변화를 짚어보는 치밀한 분석의 결과겠지만 중요한 미래기술을 모조리 동원해본 것 같다는 인상이 드는 것 또한 사실이다. 분명한 점 한 가지는 독일의 인더스트리 4.0보다는 그 목표점이 명확하지 않다는 것이다. 물론 그럴 수밖에 없

　　　　　　　　　　　　　— 살아가는 모든 것은 변한다

다. 4차산업혁명은 어떤 국가의 미래전략이 담긴 구호가 아니라 미래전문가들의 분석을 함축한 용어이기 때문이다.

문제는 우리가 그것을 그대로 들여와 국가전략의 핵심구호 자체로서 쓰고 있다는 것이다. 우리 스스로에게 4차산업혁명이란 말이 간절하면서도 모호하게 느껴지는 현상은 당연할 수밖에 없다. 4차산업혁명은 적어도 아직까지는 우리 안에서 여전히 합의가 이뤄지지 못한 채 전략의 구호로 쓰이는 말이거나, 또는 한국인들을 설득하는 데 아직은 성공하지 못한 개념이다.

급격한 변화는 곧 닥친다

그러나 막연한 낙관이나 또는 지나친 비관 사이에서 갈팡질팡하고 있는 미래상과는 무관하게, 우리가 4차산업혁명이라고 인식하는 어떤 변화는 다름 아닌 우리 스스로가 일상의 영역에서부터 실감하고 있는 중이다. 우리는 그 변화에 대해 제대로 준비해야 하고, 나아가 향후 우리 삶의 방향을 가늠해야 한다.

우리가 나아갈 바를 함축하는 더 적확한 구호가 필요한 것은 사실이다. 그러나 변화를 당당하게 맞을 수만 있다면 용어가 무엇이든 크게 상관없을 것이다. '4차산업혁명'이 외국에서 널리 쓰이지 않는 모호한 개념이라면, 반대로 우리가 먼저 이 개념의 외연을 정리하고 내밀을 다져 선도적으로 완성시켜 나가지 못할 이유도 없다. 전례가 없다거나 해석이 제각각이라는 이유에서 우리 앞에 주어진 변화와 혁신을 고민할 수 있는 기회 자체를 저버리는 것은 아닌지 주의할 필요도 있다.

안타깝게도 개념의 모호함에 대한 논란만큼이나 지금까지 우리가 준비해온 미래는 구체적이지 못했다. 4차산업혁명을 차세대 성장 동력인 첨단기술이나 그것으로 인한 미래상으로만 좁게 받아들였기 때문이다.

2016년 11월 중국을 방문했을 때 깜짝 놀랐다. 항저우와 상하이가 우리의 서울보다 훨씬 발전했다는 인상을 받았기 때문이다. 중국의 23개 성, 5자치구, 4개 직할시 모두가 우리를 추월했다고 말할 수는 없다. 그러나 우리의 서울 강남과 부산 해운대와 곧잘 비교되는 상하이 푸동浦東 지구는 어느새 우리의 강남과 해운대를 완전히 추월해 있었다. 1991년 한국은 새만금 간척사업을 시작했으나 지금까지 완결을 짓지 못했다. 반면 같은 시기에 푸동 지구를 매립한 중국은 지금의 모습에 이르렀다.

단순히 마천루의 수와 높이만으로 성장을 이야기하는 것이 아니다. 환경문제를 차치하자는 제안이나 간척사업의 홍보에 대해

___ 살아가는 모든 것은 변한다

누군가를 탓하려는 비난은 더욱 아니다. 그러나 얼마 전까지 한국의 사법정보화를 배워갔던 이들이 어느새 우리의 기술을 앞질렀다는 인상은 분명하게 받았다. 한참 뒤에서 따라오고 있다고 여겼던 존재들이 구체적인 목적을 가지고 성큼성큼 앞서나가고 있음에도 불구하고, 우리는 여전히 변화를 앞에 두고 4차산업혁명이니 아니니 하며 헤매고 있는 것은 아닌지 회의가 들었다.

선명한 슬로건이 필요하다

시진핑習近平 중국 국가주석은 2013년 9월 중앙아시아 및 동남아시아 순방에서 '일대일로一帶一路'라는 국가전략을 제시했다. 간략하게 그 내용을 정리하자면 2049년까지 중국을 중심으로 유라시아 대륙에서 아프리카 해양에 이르는 육상과 해상 실크로드 주변의 60여 개국이 포함된 거대 경제권을 만들고, 이를 위해 사회기반, 금융, 첨단기술 육성정책 등을 정비하겠다는 구상이다.

어느 국가의 미래전략에 대해 그 실현 가능성이나 전략이 가진 한계를 평가하는 것은 쉽지 않은 일이다. 다만 시진핑 국가주석이 내놓은 저 구호가 가리키는 방향이나 최종목표가 직관적으로 가슴에 다가와 꽂힌다는 것만은 어렵지 않게 말할 수 있다.

'sluagh'는 죽은 자의 군대를 뜻하는 스코틀랜드 고원 지대 켈트족의 말이고, 'gairm'은 함성 또는 외침을 뜻한다. 오늘날 표어나 구호를 뜻하는 슬로건slogan이라는 단어는 여기에서 비롯되었다.

슬로건은 전투, 전쟁과 관련된 단어다. 전쟁은 아주 간명한 결과를 낳는다. 승전이냐 패전이냐, 둘 중 하나다. 단도직입적인 선명한 슬로건은 구심점 역할을 하고, 소속된 이들을 일사불란하게 만든다. 나는 일대일로라는 중국의 슬로건을 들었을 때, 이미 자신들의 방식으로 일찌감치 전쟁을 준비하고 있는 중국을 느꼈다. 우리는 이 변화와 혁신의 각축장에서 무엇이라고 함성을 지를까.

전략이라는 것은 '우리에게 어떤 변화가 예정되어 있는가'라는 질문으로 끝나는 것이 아니라 '우리는 어떤 미래로 나아가기를 원하는가'라는 질문에 대한 답에서 시작되어야 한다. 따라서 성공사례가 나올 때까지 기다린 다음 안전하게 모방하되 맹렬하게 쫓아가겠다는 구상은 결코 전략이 될 수 없다.

우리에게는 우리의 미래를 준비하는 전략에 대해, 한국의 4차산업혁명에 대해 단 한 마디로 정리할 수 있는 '하나의 길一路'이 있을까? 오늘날 우리에게 '4차산업혁명'은 이미 와 있을 수도 있고 아직 닥치지 않았을 수도 있다. 그 정체에 다가가기 위해서는 우리만의 슬로건이 필요하다.

2장

살아남기 위해
무엇을
준비해야 하는가?

04. _____ IT 감수성.

정보를 수집하고 효율적으로 편집하는 능력

여러 미디어와 식자들이 다가올 변화에 대해 이야기하고 있지만 어느 누구도 그 정체를 정확히 예측하기는 쉽지 않을 것이다. 그럼에도 우리는 미래를 준비하기 위해 예측을 해야 한다.

예측에 이르는 과정은 호기심을 품는 데서 출발한다. 호기심은 질문을 불러올 것이고, 질문을 해결하기 위해서는 그 질문에 이르게 된 배경과 원인을 찬찬히 뜯어봐야 한다. 그리고 진행 경과를 가만히 들여다보며 누락된 정보나 더 필요한 지식은 없는지 궁리해야 한다. 이러한 일련의 준비 과정을 거치면 막연해 보였던 호기심의 대상은 실체를 가지게 되면서 도전 가능한 문제가 된다.

여러 수학공식들을 한꺼번에 동원해야 풀 수 있는 수학 문제는 어떤 공식들로 얽혀 있는지 알기 전까지가 가장 어렵다. 그러나

____ 살아가는 모든 것은 변한다

원리에 따라 문제를 적절히 분해할 수만 있다면, 이후에 이에 맞는 공식들을 찾아 대입시켜 해답을 찾는 일은 시간문제일 뿐이다. 변화를 예측하고 이에 대응하는 준비는 여러 공식이 얽힌 수학문제의 해답을 찾는 과정과 닮았다.

"나에게 나무를 벨 여덟 시간이 주어진다면 여섯 시간을 도끼를 버리는 데 사용하겠다." 미국의 링컨 대통령은 준비에 대해 이렇게 강조했다. 이 말은 변화의 정도를 정량적으로 환산할 수 있다면, 최소한 그 세 배에 달하는 노력을 기울여야 변화에 대비할 수 있다는 뜻으로도 받아들일 수 있다. 그리고 세 배에 달하는 노력에 적응하기 위해서는 다시 세 배, 즉 총 아홉 배에 달하는 고통을 참아내야 한다.

1967년 토머스 홈스Thomas Holmes 워싱턴대 교수는 '사회재적응평정척도The Social Readjustment Rating Scale'라는 검사표를 개발했다. 검사표에 따르면 인간이 받는 주요한 스트레스로 배우자의 죽음과 이혼, 결혼과 퇴직, 새로운 가족의 탄생 등이 꼽힌다. 좋든 나쁘든 익숙했던 것과 결별했을 때 사람은 큰 고통을 느낀다. 이러한 변화는 새로운 질서에의 적응을 강하게 요구한다. 그리고 그 변화를 강요받을 것인지, 아니면 기꺼이 수긍할 것인지는 새로운 질서를 어떻게 정의 내리는지에 달려 있다.

변화의 결을 진지하게 받아들이는 섬세함

타인에게 쉽게 영향을 받으며 여리고 섬세한 심성을 가진 사람들을 가리켜 흔히 감수성이 풍부하다고 한다. '감수성'을 국어사전에서 찾아보면 외부 세계의 자극을 받아들이는 성질로 풀이된다. 다시 말해 감수성은 다른 존재와의 관계 또는 관찰에 대한 반응으로, 일종의 공감능력이나 소통능력과도 일맥상통한다. 떨어지는 낙엽에도 눈물짓고 타인의 사연에 함께 아파한다는 것은 스스로에 대한 소중함을 자신의 밖으로도 확장해 마치 자신의 일인 것처럼 미루어 짐작할 수 있음을 의미하기도 한다.

그래서 감수성이란 축적된 지식이나 어떤 분야에 대한 오랜 경험에서 우러나오는 통찰이 아니다. 그보다는 외부의 결을 진지하게 관찰함으로써 이해하고 수용하고자 하는 태도다. 그리고 더불어 살아가는 사람으로서 갖춰야 하는 안목이기도 하다.

만약 정보통신기술(IT)을 기반으로 하는 기술혁명이 가져올 극적인 변화가 곧 현실화된다면, 그에 맞춰 가져야 하는 태도와 자세가 있을 것이다. 나는 그것을 'IT 감수성'이라고 표현하고자 한다.

IT 감수성은 프로그램을 직접 코딩할 수 있는 지식 따위가 아니다. 급변하는 글로벌 IT 환경과 트렌드를 이해하겠다는 태도와, 이미 우리 손아귀에 있는 필수 기기들을 이용해 더욱 효율적으로

___ 살아가는 모든 것은 변한다

살아가고자 하는 자세 자체다. IT 감수성은 다음과 같은 관찰, 이해, 수용의 세 가지 특성으로 간단하게 설명될 수 있다.

첫 번째, 외부의 변화상을 나만의 시각으로 관찰한다. 배경지식이 튼튼할수록 관찰은 여러 각도와 관점을 토대로 정밀하게 수행된다.

두 번째, 최신 과학기술의 연구발전 결과를 이해하려고 노력한다. 정밀하게 이뤄진 관찰은 새로운 전문지식과 정보를 익혀야 하는 이유를 납득하게 함으로써 이해하는 속도를 향상시킨다.

세 번째, 관찰된 외부변화에 적합한 전문지식과 정보들을 빠르게 취사선택한 다음 이를 편집하고 정리해 수용한다. 이렇게 수용된 지식과 정보들은 나만의 시각을 한 단계 업그레이드시킴으로써, 또 다른 변화와 맞닥뜨렸을 때 더 나은 관찰이 가능하도록 만들어준다. 이러한 선순환 속에서 정보수집과 분석 능력은 끊임없이 향상된다.

IT 감수성을 갖추고 있다면 변화란 두려워하거나 피해야 하는 대상이 아니라 나 자신을 발전시킬 수 있는 계기가 된다. 그렇다면 더이상 변화를 두려워할 필요가 없어진다.

생소한 것을 받아들일 수 있는 용기

"민이호학 불치하문敏而好學 不恥下問."《논어》〈공야장〉에 실려 있는 구절로 우리에게도 널리 알려진 공자의 명언이다.

제자 자공이 공자에게 이렇게 물었다.

"공문자는 어떻게 '문文'이라는 시호를 받으셨습니까?"

공자는 다음과 같이 대답했다.

"영민하고 배우기를 좋아하며 아랫사람에게도 묻는 것을 부끄러워하지 않았기 때문이다."

당대인들로부터 문文 자체라고 칭해지는 것은 학자가 받을 수 있는 최고의 명예다. 그런 자타가 인정하는 시호를 공문자라는 이가 받을 만한 자격이 있는지에 대해 자공이 스승에게 의문을 제기한 것이다. 실제로 공문자는 몇 가지 큰 허물이 있는 이였고 공자와도 매끄러운 사이가 아니었다. 그런데 이에 대한 공자의 답변은 뜻밖이었다. 공자는 공문자가 기꺼이 모르는 것을 물을 수 있는 용기와 유연함을 가지고 있었기 때문에 시호를 받을 만했다고 평가한 것이다. 편견 없는 배움의 자세를 정립한 공문자뿐만 아니라 사적인 감정에 휘둘리지 않고 사람을 정확하게 평가하고자 한 공자의 철학까지 새겨들을 지점이 많은 구절이다.

내 책상에는 컴퓨터 모니터가 네 대나 있다. 사무실로 일찍 출

근한 다음 세계 각국에서 쏟아내는 주요 뉴스들을 인터넷을 통해
그 모니터들로 살펴본다. 그때 다양한 인공지능 자동번역 서비스
들의 도움을 많이 받는다. 물론 아직까지는 원문을 100퍼센트 해
독한다고 할 수는 없지만 초벌번역만으로도 그 내용을 헤아리는
데 크게 부족함은 없다. 게다가 번역기의 성능은 지금 이 순간에
도 깜짝 놀랄 정도의 속도로 쉼 없이 발전하고 있다.

　책에 그 모두를 소개하기에는 조심스럽기에 대중에게 가장 익
숙한 번역서비스 하나만 언급하고자 한다. 네이버에서 내놓은 '파
파고https://papago.naver.com'는 아시아권 언어에 특화된 번역기다. 파파
고가 번역하는 외국어 가운데 특히 일본어는 번역률이 95%에 도
달하는 것으로 평가된다. 우리나라와 같은 한자문화권이고 우리
말과 어순도 비슷한 데다가 과거 일한번역기를 제작한 경험 등이
어우러져서 번역 완성도가 높아졌다. 앞으로 파파고 서비스에 사
용자가 더 몰리게 되면 더욱 양질의 번역 완료 데이터가 축적될
것이고, 번역 완성도 또한 더욱 올라갈 것이다.

　멀티 모니터를 활용해 생소한 인공지능 번역 서비스를 이용한
다고 하면 다소 생경하게 느껴질지도 모르겠다. 그러나 나는 이러
한 과정을 통해 아직 한국어로 소개되지 않은 막대한 양의 정보를
쉽게 접하고 있다. 전달받는 정보의 양이 일정 수준에 도달하면

수집한 정보 간의 교차비교분석이 가능해진다. 교차비교를 할 수 있다는 것은 전달받는 정보의 오류나 왜곡을 빨리 또 쉽게 파악할 수 있다는 의미도 된다. 우리는 한정된 통로에 의한 정보의 쏠림 현상이나 왜곡을 너무 많이 경험해왔다.

조금 더 다양한 도구를 활용하는 노력은 극소수의 얼리어답터만이 실천할 수 있는 어려운 일이 아니다. 다양한 관점을 가진 일간지들을 여럿 구독해 비교해 읽어보는 이들은 주변에서 어렵지 않게 찾아볼 수 있다. 나는 그 모습에서 불과 반 뼘만 더 내디뎠을 뿐이다.

2017년 1월 부산지법을 떠나면서 남긴 고별강연 영상이 여기저기 회자되면서 과분한 사랑을 받았다. 그 배경에는 스마트폰이 생활의 필수품이 됐음에도 불구하고 첨단기기에 익숙한 젊은 사람들조차 제대로 사용하는 경우가 드문 실정이 있다고 본다. 음성을 텍스트로 변환해주는 프로그램의 사용방법부터 카메라로 찍은 문서를 검색 가능한 텍스트로 변환해주는 모바일 스캐너 활용방법까지, 적지 않은 나이의 판사가 업무효율성을 올려주는 스마트폰의 여러 기능들을 쉽게 사용하는 모습을 지켜보면서 많은 이들이 신기술에 대한 두려움을 떨쳐내고 '나도 할 수 있을 것이다'라는 자신감을 가졌던 것이다.

변화를 효과적으로 이용할 줄 아는 유연함

보다 아날로그적인 사례를 찾아볼 수도 있다. 나는 일주일에 한 번 꼴로 대형서점에 들른다. 서점에 가기 전에는 일간지 주말판에 실리는 신간 서평 기사들 가운데 눈길을 끄는 책들을 에버노트를 활용해 메모한다. '에버노트 https://evernote.com/intl/ko'는 문서노트 클라우드 서비스다. 나는 에버노트를 사용자의 음성을 텍스트로 변환해 저장하는 메모장으로 활용한다. 이것과는 정반대로 토크프리 Talk free 같은 TTS(Text to Speech) 앱은 텍스트를 음성으로 바꿔준다. 나는 이러한 도구를 활용해 말로 글을 쓰고, 다른 일을 하며 말로 책을 듣기도 한다. 기록행위의 효율성으로만 보자면 손과 펜으로 노트에 필기하는 것은 비교도 되지 않는다.

그리고 서점에서 에버노트의 기록을 확인하며 관심이 갔던 책들의 목차와 서문 그리고 한 챕터 정도를 꼼꼼하게 살핀 다음 구매한다. 일간지 서평 기사를 참고하지만 타인의 의견에 100퍼센트 의존해 책을 구입해 읽는 행위는 진짜 독서와는 조금 거리가 있다. 요즘에는 인터넷 서점에서도 미리보기 기능을 잘 정비했지만 서점에 서서 사람들과 어깨를 부딪혀가며 책을 직접 만지고 종이 넘기는 소리를 듣는 아날로그적 감성에는 미치지 못한다.

아날로그 방식이든 디지털 방식이든 정보를 받아들이는 수단에는 여러 방법이 있다. 중요한 것은 어느 것 하나에 얽매이지 않고 유연하게 사용하는 정보수집 및 분석 능력 자체다. 당장 스마트폰의 주요 앱들만 놓고 보더라도 이것들만 잘 활용할 줄 안다면 3분의 1 정도의 수고만으로도 다섯 배에서 열 배의 생산성을 발휘할 수 있다.

스마트폰에는 카카오톡과 네이버와 같은 앱만 있는 것이 아니다. 대부분이 전화기나 동영상 재생기 정도로만 무심코 사용하는 기기를 누군가는 또 하나의 두뇌로 활용하고 있다. 이는 젊고 늙음과는 상관없다. 앞으로 우리는 이렇게 IT 감수성이 뛰어난 사람과 협업하고 또 경쟁해야 한다.

05. _____ 적자생존.
깊은 사유를 기록으로 새로이 정리하는 능력

적자생존適者生存은 1864년 영국의 철학자 허버트 스펜서Herbert Spencer
가《생물학의 원리Principles of Biology》에서 인간의 사회적 생존경쟁 원
리를 함축한 사회철학 용어로 처음 사용했다. 그 개념에 대해 간
단하게 정리하자면 주어진 환경에 적합한 개체, 즉 적자The fittest만
이 생존에 성공해 미래를 맞이할 수 있다는 것이다. 이 용어는 찰
스 다윈Charles Darwin의 영향을 받아 다듬어졌지만, 반대로 찰스 다윈
또한《종의 기원The Origin of Species》의 개정판을 준비하면서 스펜서가
주창한 사회철학 개념을 받아들여 진화론 영역의 자연과학 용어
로 발전시켰다.

　많은 이들이 변화의 길목에서 가장 먼저 떠올리는 개념이 바
로 변화된 환경에 적합한 자만이 살아남는다는 의미를 가진 적자

생존일 것이다. 그러나 나는 변화의 시기에 우리가 준비해야 하는 덕목으로 이 적자생존이라는 용어를 조금 다르게 사용하고자 한다. 기록하는 자가 살아남는다, 반추하는 자가 미래에도 발자국을 남길 수 있다는 의미인 '적자생존跡者生存'이다.

기록, 시공을 초월해 존재하는 인간의 궤적

조선 역사에서 손꼽히는 대학자 정약용, 상대성 이론을 완성한 물리학자 아인슈타인, 라이벌들을 포용할 줄 알았던 지도자 에이브러햄 링컨, 대표적인 발명가 에디슨 등에게는 한 가지 공통점이 있다. 이들은 하나같이 기록의 대가였다.

태초에 인간은 말로써 대화하다가 어느 날 점토판에 그림을 그리면서 기록의 타임머신을 만들었다. 그 이후부터 인간은 죽음을 초월해 DNA뿐만 아니라 자신의 생각을 오롯이 후대에 전하게 되었다. 글로 무엇인가를 기록한다는 행위는 사라진 과거의 기억, 아직 현실 세계에 존재하지 않는 생각, 허공으로 흩어지는 말에 갑옷을 부여하는 과정이다. 날것의 생각을 정제하고 시간이 지나 어지러운 정보들을 글쓴이의 시각에 따라 정리한 결과이기도 하다.

나는 변화에 대처할 수 있는 힘으로 기록을 꼽는다. 외부의 정보를 효율적으로 수집해 분석하는 능력이 IT 감수성이라면, 적자생존은 그 다음 단계라고 할 수 있는 자신의 내부에서 나오는 사유를 비롯해 경험한 사건을 정리해 통찰하는 기록의 힘이다.

"인군소외자, 사이이^{人君所畏者, 史而已}." 조선시대 연산군이 기록에 대해 남긴 말이다. '내가 두려워하는 것은 오직 역사뿐이다'라는 말로 해석된다. 전횡을 일삼은 끝에 폐위된 폭군도 기록만큼은 두려워했다. 말을 문자로 새겨 남기는 행위는 지워지지 않는 기록으로 시간과 공간을 초월해 오래도록 기억하겠다는 의지였다. 그래서 예부터 무엇인가를 기록한다는 것은 인간이 아닌 하늘의 영역이었으며, 감히 아무나 흉내 낼 수 없었던 계급적인 행위였다.

그만큼 기록은 힘이 강하다. 옌안에 머무르고 있던 젊은 김산이 다른 젊은 독립운동가들과 다르게 역사에 이름을 남길 수 있었던 까닭은 님 웨일즈^{Nym Wales}가 그의 삶과 고민을 《아리랑》이라는 기록으로 남겼기 때문이다. 백범 김구가 몽양 여운형이나 우사 김규식보다 우리에게 친숙한 까닭은 《백범일지》라는 기록을 통해 자신의 생각과 삶을 정리해 자세히 밝혔기 때문이다. 역사에서 최후의 승자는 가장 강한 자나 당대에 보다 적합한 적응력을 가진 자가 아닌 기록하는 자였다. '역사(歷史, history, geschichte)' 자체가 지나온 일에 대한 기록이기도 하다.

인간의 창의성은 기록에서 비롯된다

우리는 기록을 바탕으로 생각을 심화시킴으로써 뛰어난 발상을 떠올리기도 한다. 정약용은 평소 둔필승총鈍筆勝聰을 강조했다. 아둔한 기록이 총명한 생각보다 낫다는 뜻이다. 정약용은 일찍이 정보가 넘쳐날수록 이를 기록해야 비로소 자신의 것으로 정리되어 제대로 활용할 수 있음을 깨달았다. 자신이 강조했던 그 말처럼 정약용은 '다산학'으로 따로 분류할 만큼 방대한 기록을 남겨 훗날 《여유당전서》로 정리되었다. 활자본 154권 76책에 이르는 분량이다. 그가 수학부터 유학에 이르기까지 당시 조선에서 접할 수 있는 거의 모든 학문에서 모두 빼어난 성취를 거둘 수 있었던 배경에는 남다른 기록 습관이 있었던 것이다.

큐비즘의 대가인 피카소Pablo Picasso의 그림들은 천재의 기이한 영감에 의해 어느 날 번개 떨어지듯이 등장한 것이 아니다. 피카소 또한 벨라스케스나 로트레크를 비롯해 많은 선배들의 그림을 꾸준하게 축적하며 정리한 끝에 〈우는 여인〉과 같은 파격적인 화풍을 선보여 미술계의 패러다임을 바꿀 수 있었다. 피카소는 '창조란 기존의 것들에서 나온다'고 말했다. 일반적으로는 예술에서 모방의 중요성을 강조한 말이라고 받아들이지만, 이에 더해 창의성과 기록을 연결 짓는 말이기도 하다고 해석하고 싶다.

기록은 기억을 보조하는 역할을 하고, 또 기록이라는 행위를 통해 기록하는 이가 사유를 심화하는 과정이 되기도 한다. 그리고 깊은 생각은 창의성의 바탕이 된다.

글쓰기는 하늘이 아닌 인간의 영역이다

아무리 많은 것을 접하고 남다른 경험을 했더라도 그것을 겪는 과정에서 고민했던 사유의 흐름들을 글로 정리할 줄 모른다면 제대로 접하고 또 경험했다고 할 수 없다. 아무리 뛰어난 IT 감수성으로 정보를 수집한다고 해도 기록으로 남기지 않았다면 잠시 첨단 기기의 손을 빌려 동냥하듯 빌린 것일 뿐, 진정한 나의 지식으로 만들었다고 할 수 없다. '구슬이 서 말이라도 꿰어야 보배'라는 유명한 속담이 있다. 'IT 감수성'의 결과가 서 말의 구슬이라면, 적자생존은 그것을 꿰어 보배로 만드는 작업이다.

물론 글을 쓴다는 것은 쉬운 일이 아니다. 글이란 자신의 사유를 정제한 결과다. 살아가며 저절로 벗겨지고 밀려나와 쌓이는 피부의 각질과 같은 것이다. 글쓰기는 자신의 가장 바닥까지 내려가 밑천을 들여다보는 고통스러운 작업이다. 그래서 많은 사람들이 함부로 글쓰기를 시작하지 못한다.

그럼에도 나는 지금까지 굉장히 가쁜 호흡으로 여러 곳에 글을 써왔다. 이에 대해 적지 않은 오해를 받기도 했다. 보통 그 정도의 집필 일정과 분량을 소화하기 위해서는 참모진을 대필자로 활용하지 않는 이상 업무에 소홀할 수밖에 없을 것이기 때문이다. 그러나 결코 적다고는 할 수 없는 강도의 업무에 충실하면서도, 몇 가지 원칙과 요령이 있었기에 빠듯하게나마 글을 쓸 수 있었다.

첫 번째, 글을 쓰기로 마음을 먹었다면 일단 써야 한다. 미려하면서 밀도 있게 쓰고 싶다는 욕심을 버리고 일단 첫 문장을 떼어야 한다. 그러다 보면 어느 순간부터는 내가 글을 쓰는 것이 아니라 글들이 자기들끼리 밀고 당기며 스스로 문장을 만들어낸다. 첫 문장은 다음 문장을 부르고, 둘째 문단은 스스로 살아 움직여 첫 문단의 논리를 보강해 나간다. 논리와 인과의 끝에서 문장은 스스로 마침표를 찍으며 사유의 흐름을 마무리 짓는다.

두 번째, 이러한 관성의 힘을 익히기 위해서는 글을 습관처럼 써야 한다. 단 한 줄이라도 좋으니 나의 생각을 매일 적어나가다 보면 한 줄이 두 줄로 쌓이고 세 줄을 쓸 수 있게 되며, 이윽고 한 페이지가 되고 한 권의 책이 된다.

글을 잘 쓴다는 것은 결국 '생각을 잘하는 것'이다. 체계적으로 잘 쓰인 글은 흐트러진 사고를 글로 옮기면서 잡아간 것이 아니다. 애초에 체계적으로 이루어진 사유체계를 고스란히 글로 드러 낸 것일 뿐이다. 좋은 글은 좋은 생각에서 나온다. 그리고 단 한 줄 이라도 글을 쓰는 습관을 들인다는 것은 그만큼 글을 쓰기 위해 생각을 많이 하는 훈련을 반복한다는 뜻이 된다.

세 번째, 첨단 기기를 적극적으로 활용하는 것이다. 반드시 펜 을 들고 노트에 써내려가거나 컴퓨터 모니터 앞에 앉아 자판기를 두드리며 머리를 싸매지 않아도 좋다. 귀찮아서 굳이 외면해왔던 여러 스마트폰 앱을 이용해 말로 쉽게 글을 쓸 수도 있다. IT가 주 는 이점을 활용하면 길을 걸으면서도, 버스를 기다리면서도 얼마 든지 글을 쓸 수 있다. 나 또한 에버노트 앱을 적극적으로 활용해 말로 글쓰기 작업을 한다. 말로 글자를 적는 것은 특정 앱의 기능 이 아니라 일종의 범용 모듈이다. 문자나 카톡 그 무엇이든 말로 글자를 적을 수 있다. 빠를 때는 십 분 만에 책 스무 쪽 분량의 문 서 초고를 간단하게 쓰기도 했다. 그렇게 지금까지 저장한 분량은 1만 꼭지에 달한다. 이어령 박사는 에버노트에 2만 꼭지를 넘게 썼다고 하니, 앱을 활용해 말로 글을 쓰는 효율은 충분히 검증되 었다고 할 수 있다.

네 번째, 넉넉한 편집과 퇴고의 시간이다. 이미 원고지에 글을 쓰는 경우가 드물어졌음에도 여전히 우리는 글을 한 번 쓰면 완료

되는 '닫힌 작업'으로 착각한다. 그러나 글에는 퇴고라는 과정이 있다. 쓰는 것은 쉽지 않지만 고치는 것은 상대적으로 어렵지 않다. 일단 쓴 다음 시간을 두고 차차 다듬어 나가다 보면 생각 또한 함께 다듬어질 것이다. 생각이 글을 만들고 글이 다시 생각을 만든다. 이 과정이 반복되면서 생각근육이 단련된다.

글쓰기는 스스로와 마주하며 겸허해지는 과정이다

2014년 2월 창원지방법원 법원장으로 부임해 관내인 통영 한산도 제승당에 갔다. 이순신 장군을 모신 엄숙함과 결기가 서린 곳이다. 그곳에서 장군을 잠시 떠올리면서 나라를 구한 영웅 이전에 기록정신의 화신으로서 절대고독 속의 한 인간을 생각했다. 엄중한 상황 속에서도 매일을 정직하게 기록해간 《난중일기亂中日記》에서 나는 치열함과 인간에 대한 '사랑과 정성'을 본다.

정보를 기록으로 정리하고 자신의 생각을 글로 남길 때 가장 중요한 자세가 있다. 바로 정직함이다. 육하원칙에 의해 사실로 정리되지 않은 기록은 진실을 호소할 때 사용할 수 있는 증거가 될 수 없다. 정직하지 않은 기록은 그 쓸모를 인정받지 못한다.

생각을 정리하는 글을 쓸 때에도 왜 지금까지의 생각을 글로

_____ 살아가는 모든 것은 변한다

남기고 싶은지 스스로에게 묻고 솔직하게 답함으로써 글을 쓰는 동기에 정직해질 필요가 있다. 정직한 글쓰기는 표절을 하지 않는 글쓰기나 거짓을 말하지 않는 글쓰기 등 여러 뜻으로 읽힐 수 있다. 그 모두를 포함하기도 하지만 나는 특히 스스로의 바닥을 그대로 드러낼 줄 아는 글쓰기를 말하고자 한다.

글이란 자신의 내면을 들여다보는 데에서 그치지 않고, 자신을 갈무리하는 과정을 통해 타인과 소통하기 위해 쓰는 것이다. 글이란 누군가 읽는 것을 전제로 하기에 글의 주인은 쓰는 내가 아니라 그 글을 읽는 남이다. 그리고 타인을 의식하는 순간 우리는 글에서 자신을, 자신의 바닥을, 자신이 정리한 정보를 꾸미고 싶어질 수밖에 없다. 그렇기 때문에 타인을 전제로 삼아 자판을 두드리는 행위의 상당수는 역설적으로 타인에게서 글쓴이를 멀어지게 만든다.

흔히 타인을 배려하지 않은 글쓰기를 가리켜 실패한 글쓰기라고 한다. 그리고 가장 타인을 무시하는 글은 다름 아닌 글을 쓰는 스스로조차 속이고 써내려간 글이다. 자기 자신조차 설득하지 못했으면서 어떻게 글을 통해 자신의 뜻을 전하고 타인을 설득할 수 있을까?

속생각을 고스란히 글로 옮기는 일은 대수롭지 않을 수도 있지만 자신의 서투름과 거친 생각을 그대로 드러내는 것이기에 큰 용기를 필요로 한다. 그럴수록 자신의 글에 정직해져야 비로소 나의 글은 독자의 글이 될 자격을 갖추게 된다.

적자생존을 실천해 정직한 글쓰기를 반복하는 일은 용기 있는 행동이다. 그리고 용기는 변화의 시절 앞에서 두려워하지 않고 나자신이 더 성장할 것이라고 스스로를 신뢰하는 자세에 대한 다른 표현이기도 하다. 그 신뢰가 축적되면서 더 단단해지는 사유와 통찰의 힘은 생각근육의 완성으로 나아간다.

06. _____ 생각근육.

수집과 사유를 통해 축적되는 단단한 생각의 힘

4차산업혁명의 기반으로 꼽히는 IT 기술인 이른바 ICBM, 즉 사물인터넷, 클라우드 컴퓨팅, 빅데이터, 모바일은 각각 수집과 기록, 분석 및 활용을 상징한다. 다르게 생각하자면 4차산업혁명이 불러올 변화에 적응하기 위한 노력 또한 IT 기술의 순환구조와 마찬가지로 수집과 기록, 심화와 연결의 과정으로 진행될 것이다.

우리는 종종 목적과 목표를 혼동한다. 목적은 의도한 바를 실현하고자 하는 의지이며 도달하려는 이유 자체다. 반면 목표는 목적을 달성하기 위해 성취해야 하는 개별 과제다. 지금까지 4차산업혁명으로 상징되는 변화 아래에서 생존을 모색하는 고민은 이미 많이 나왔다. 모두 의미 있는 조언들이겠지만 한 가지 아쉬운 점을 꼽을 수는 있다. 변화의 길목에서 우리가 가져야 하는 자세는 새로운 환경이라는 흐름을 탈 수 있는 유연함이나 정보를 효율적으로 수집하는 능력을 확보하는 데에만 머무르지 않는다. 살아남기 위해 적합한 자가 되는 것은 목적에 도달하기 위한 목표이고 수단이다. 변화 자체를 극복의 대상으로 보고 대결하듯 맞이하는 것 또한 올바른 자세는 아니다. 새로운 시대를 맞이하는 우리의 최종 목적은 생존 자체가 아니라 '보다 나은 삶'이기 때문이다.

인류의 역사는 변화의 연속이었으며, 그 변곡점마다 미래를 열었던 이들은 사용하는 도구만 달랐을 뿐 항상 같은 자세로 다음 시대를 만들어갔다. 바로 어제보다 오늘, 오늘보다 내일 더 괜찮은 사람이 되고자 하는 노력이다. 다시 세상이 디지털 중심으로 개편된다고 할지라도 변화 앞에서 요구되는 자세는 변함이 없을 것이다. 오히려 디지털 사회일수록 예전부터 이어져 온 아날로그적 경쟁력이 더 중요해질지도 모른다. 만약 변화 앞에서 스스로를 리부팅하고 싶다면, 무엇보다 오늘의 자기 자신이 어제보다 나은 사람이 되고 싶다는 성찰과 의지가 있어야 한다.

지금까지 새로운 기기를 적극적으로 활용해 외부의 정보를 효율적으로 수집함으로써 유연하게 변화에 대처할 수 있는 IT 감수성과, 수집된 정보를 내부에 갈무리해 자신의 것으로 심화시키는 '적자생존'에 대해 이야기했다. 각각 외부와 내부에서 비롯되는 두 목표는 관찰, 이해, 수용, 정직, 용기, 자기신뢰 등의 키워드들을 거느리면서 하나의 목적으로 수렴된다. 바로 오늘의 나를 어제보다 낫게 만드는 힘이자, 더 나은 내일의 나를 위해 오늘의 나를 움직이게 만드는 IT 감수성과 적자생존의 주체인 '생각근육'이다.

생각의 밀도를 결정하는 틀

생각근육에 대해 설명하기 위해 심리학, 철학, 전산학 등에서 쓰이는 용어를 끌어온다. 스키마schema는 정보를 통합하고 조직화하는 틀을 가리킨다. 우리는 살아오면서 머릿속에 지식, 정보, 심상을 어떤 추상화된 도식으로 축적시킨다. 그리고 새로운 정보를 받아들일 때, 이해할 때, 기존의 정보를 꺼낼 때 이 도식을 거쳐 흡수하고 또 분출한다. 즉 미루어 짐작하고, 새로운 정보를 저장된 지식과 비교하며 분석 및 수용하고, 돌발적인 상황에서도 과거의 경험에 비추어 보다 빠르게 반응할 때 작용하는 일련의 반응체계, 이를테면 생각의 구조가 스키마라고 할 수 있다.

저마다 겪어온 세월이 다른 만큼 스키마의 모양은 사람마다 다를 수밖에 없다. 같은 책을 읽더라도 읽는 속도와 흡수하는 정도, 그리고 감상의 초점이 사람마다 제각각인 까닭 또한 스키마의 차이 때문이다. 이 차곡차곡 축적된 구조와 구조 안의 흐름을 나는 인간의 근육에 비유한다.

보기만 해도 편안한 느낌을 주는 넓은 가슴을 가진 사람은 대흉근이 발달한 경우다. 꼿꼿한 상체가 특징이라면 척추기립근이 단련되었기 때문이다. 이러한 근육은 사상이나 학문의 영역에도 비슷하게 적용된다. 예를 들어 종교적인 영성이나 치유의 기운이 느껴지는 글은 생각근육 가운데 대흉근을 수련한 이가 쓴 것이다. 정의와 형평으로 원칙주의자의 향기가 묻어나는 말이라면 그 주인은 생각근육 가운데 척추기립근을 단련한 법조인일 것이다.

생각의 근육은 육체의 근육과 같아 점점 단련이 될 수도 있고, 퇴화될 수도 있다. 한 군데만 집중적으로 단련할 수도 있고, 여러 부분의 근육을 균형 있게 단련시킬 수도 있다.

근래 우리는 홍수라고 해도 무리가 없을 정도로 막대한 양의 정보들을 쉽게 접할 수 있는 혜택을 누리고 있다. 예전 같았으면 도서관에 틀어박혀 한참을 책 먼지와 씨름해야 만날 수 있는 지식도 요즘에는 마우스 클릭 몇 번이면 쉽게 찾을 수 있다. 과거에는 스승 밑에서 수년 동안 허드렛일을 한 끝에 겨우 전수받을 수 있는 기술들이 지금은 유튜브에 편의점 상품들처럼 진열되어 있다.

그러나 이러한 스마트한 시대가 역설적으로 사람을 스마트하지 못하게 만든다는 지적 또한 자주 나오고 있다. 겉으로 보기에는 다 같은 멋진 근육이라도 단시간에 부풀어 오른 팔과 수없는 훈련으로 서서히 다져진 팔은 운동능력에서 다를 수밖에 없다.

생각근육도 마찬가지여서 접하는 지식에 도달하기까지 거쳐야 하는 맥락 없이 프로그램을 내려 받듯 쉽게 전달받은 지식들은 아무리 효율적으로 정리된다고 한들 쌓인 높이만 그럴싸하게 보일 뿐 그 밀도가 헐겁고 구조가 엉성할 수밖에 없다.

인터넷 포털 사이트 뉴스 란이나 토론 게시판을 보면 인터넷이 없던 시절과는 비교할 수 없을 정도로 풍부한 지식과 그에 걸맞은 재치를 가진 사람들이 차고 넘친다. 그러나 조금 더 들여다보면 얼마나 많은 똑똑이들이 얼마나 쉽게 여론에 휘둘리고 또 편협한 사고에서 벗어나지 못하는지도 어렵지 않게 확인할 수 있다. 디지털 기기의 편리에 의해 생각의 근육이 벌크업되기만 했을 뿐 그 밀도가 형편없이 낮기 때문이다.

생각근육은 아날로그로 축적된다

그렇다면 어떻게 생각근육을 이소룡의 멋진 몸처럼 키울 수 있을까? 성룡처럼 코가 빨간 노사를 찾아가 수발을 들며 취권의 한 수를 청해야 하는 것일까? 방법은 의외로 싱겁다.

첫 번째는 '다양하면서 깊이 있는 독서'다. 다양한 분야의 교양 도서를 적어도 일주일에 한 권 이상씩 읽는 것이다. 생업에 종사하며 일주일에 책 한 권을 읽는 것은 결코 쉬운 일이 아니다. 그러나 성인 독서량 감소와 같은 우울한 뉴스와는 별개로 여전히 많은 한국인들이 일주일에 적어도 책 한 권을 읽고 있다.

다만 그 독서가 자신이 좋아하는 분야에만 갇힌다면 이른바 전문가 바보가 되기 쉽다. 분야를 조금 더 넓힌다면, 예를 들어 역사 서적을 주로 읽는 이들은 자연과학 서적들을 통해 이전에 읽었던 역사 서적들이 새롭게 읽히는 경험을 맛볼 수 있다. 실용서를 많이 읽는 이들은 사회과학 서적들을 통해 글줄이 아닌 행간을 읽는 독서의 즐거움을 새로 발견할 수도 있다. 나는 주변 사람들에게 반드시 책을 사지 않아도 상관없으니 매주 서점에 가보기를 권한다. 책을 읽지 않더라도 서점에 서서 요즘 어떤 책들이 나오는지, 사람들은 어떤 책을 주로 선택하는지를 관찰하는 것만으로도 세상을 읽는 데 큰 도움이 되기 때문이다. 생각근육 키우기의 첫 단추를 꿰는 작업은 바로 독서를 포함한 정보습득에서 시작된다.

두 번째는 앞서 이야기한 '꾸준한 글쓰기'다. 두보의 시에 나오는 구절로도 널리 알려진 '남아수독오거서男兒須讀五車書'란 말이 있다. 특히 한국인들은 '다섯 수레 분량의 책 정도는 읽어야 한다'는 이 말을 크게 신봉하고 있는 듯하다. 그러나 독서는 얼마나 많은 책을 읽었는가보다 어떻게 책을 읽었는가가 더 중요하다. 그리고 독서는 마지막 장을 닫는 순간이 아니라 책을 읽었던 경험을 반추하는 기록과, 이렇게 정리된 생각을 남들과 나누는 토론에서 마무리된다. 토론은 함께하는 사람이 있어야 하기에 쉽지 않지만 적어도 책을 읽고 글을 쓰는 것은 혼자서도 얼마든지 할 수 있다.

반드시 독후감이 아니라도 좋다. 책을 읽고 나면 그것이 내 안에 쌓여 어떻게든 드러나기 마련이다. 일기든 독서카드든 매일 한 줄이라도 '적자생존'의 마음으로 기록하기를 권한다. 굳이 필기구를 들고 글을 적을 필요도 없다. 이미 소개했던 음성인식 메모장 앱에 말로 글을 적을 수도 있고, 컴퓨터 메모장에 간단하게 쓸 수도 있다. 습득한 정보를 취사선택하고 분석하는 과정에서 그 경험과 사유를 기록하는 적자생존은 생각근육의 지구력을 키우는 데 빠뜨릴 수 없는 과정이다.

세 번째는 단순한 생활이다. 주변에 쌓이는 것들이 많아지면 그만큼 신경을 써야 하는 짐들이 늘어나기에 내 안에 쌓여야 할 것들은 줄어들게 된다. 매일 필요 없는 것들을 정해 하나씩 정리하자. 잠시라도 좋으니 내가 소유한 어떤 물건의 필요성과 나와의 관계에 대해 고민하는 경험 또한 내 안에서 생각의 근육으로 쌓일 수 있다.

그리고 매일 잠시라도 좋으니 스마트폰을 리부팅하듯 생각을 잠시 꺼 두고 명상을 하는 시간을 반드시 가져보기를 권한다. 필요 없는 것들을 버리며 주변을 청소하듯이 잡다한 생각들이 저절로 정리되며 고민이 단순화되는 경험을 하게 될 것이다. 독창적인 창작은 이렇게 가끔 마음 속 찌꺼기를 비우는 과정을 통해 생겨난다.

네 번째는 고수를 만나는 것이다. 우리는 판단을 내릴 때 주변의 지인들에게 의견을 구하곤 한다. 스스로의 생각을 객관화해 바라본다는 측면에서 나쁜 선택은 아니다. 그러나 나와 비슷한 생각을 가진 이들은 나와 비슷한 이유에서 판단을 주저하는 한계가 있기 마련이다. 그에 반해 고수는 그 한계를 넘어 다음을 고민했던 이들이다. 고수를 찾기란 쉽지 않고, 찾는다고 해서 만나준다는 보장도 없다. 다만 우리는 간접적으로나마 아주 쉽게 역사에 남은 고수와 만날 수 있다. 바로 그들이 전 생을 걸쳐 치열하게 사유한 결과가 글로 정리된 고전을 통해서다.

육체근육의 경우에는 금지약물에 손을 대 단기간에 몸을 만드는 외도外道도 가능하다. 그러나 생각근육이라는 내공을 쌓는 데 지름길 같은 것은 없다. 오래 묵은 나무의 나이테처럼 묵묵하게 비바람을 맞으며 한 겹 두 겹 두르는 것만이 유일한 성장 방법이다. 꾸준하게 생각근육을 키우다 보면 세상에 대한 안목이 생기며, 잘못된 외부 정보에 쉽게 휘둘리지 않는 단단함도 갖추게 된다.

생각의 힘은 육체의 힘에서 비롯된다

생각근육을 키우는 데 가장 중요한 것을 아직까지 이야기하지 않았다. 바로 '육체근육'이다. 칼릴 지브란Kahlil Gibran은 "신은 영혼을 위한 신전으로 우리의 육신을 만들었기에 신을 안에 모실 수 있을 만큼 튼튼하고 깨끗하게 신전을 유지해야 한다"고 했다. 육체가 무너진다면 아무리 생각근육이 튼튼해도 제대로 활용할 수 없게 된다. 그전에 몸이 부실하다면 생각근육을 쌓는 것 자체가 어렵다. 생각근육을 단련시키는 공부를 하려면 우선 그 공부를 버틸 수 있는 육체근육이 필요하다. 공부는 머리가 아닌 엉덩이로 하는 것이라고 한다. 그 엉덩이란 끈기와 집중력을 가리킨다. 그리고 버티는 힘과 몰입하는 힘은 대개 정신력으로 얼버무리는 어떤 특별한 각오가 아니라 단단한 육체에서 나온다.

생각근육과 관련한 몸 관리에 대해 그간의 개인적 경험에 비추어 유익한 몇 가지 조언을 할 수 있을 것 같다.

첫 번째는 소식과 영양분의 균형이다. 별것 아닌 것 같은 이야기지만 적게 그리고 제대로 먹는 것은 생각보다 큰 인내심과 절제를 필요로 한다. 또한 소식은 '단순한 삶'과도 연결된다.

두 번째는 규칙적이고 적절한 운동이다. 여러 변인들을 제한하며 극한에 도전하는 전문적인 운동이 아니라 일상에서 건강을 유지할 수 있을 강도로 몸을 움직이는 것이다. 운동기구를 구입하거나 체육관을 다니지 않더라도 하루 만 보 걷기, 엘리베이터나 에스컬레이터 대신 계단을 이용하기, 귀찮을수록 한 걸음 더 움직이는 행동을 습관화하는 것만으로 충분하다.

인류의 선조들은 끼니를 구하기 위해 하루 종일 많은 발걸음을 옮겨야 했다. 그런 일상들이 수만 년 동안 인간의 DNA에 새겨졌다. 시간이 흘러 농업혁명 이후 걷기는 줄어들었고, 산업혁명 이후 자동차가 나오면서 걷기는 일상에서 아예 사라졌다. 그럼에도 DNA에 각인된 걷기의 기억은 강렬하다. 걷는 것만으로도 우리는 많은 것을 회복할 수 있다. 소식과 마찬가지로 별것 아닌 움직임이지만 중년 직장인들 가운데 이 정도라도 제대로 수행하는 사람은 의외로 많지 않을 것이다.

세 번째는 자신이 가진 능력을 사회와 공유하는 것이다. 선행은 엔도르핀 분비를 유도하고 혈액의 온도를 높여 우리의 두뇌를 행복하게 한다. 머리가 따뜻해지면 몸도 편안해진다.

___ 살아가는 모든 것은 변한다

3장

오늘보다 나은
미래를 위해
무엇을 바꿔야 하는가?

07. ──────── 우리를 괴롭히는 두 마리의 나쁜 개

누군가 이야기했듯이 우리는 저마다 두 마리의 개를 키우고 있다. 바로 '편견'과 '선입견'이다. 편견이나 선입견은 살아가며 자연스럽게 쌓인 경험적 지식의 도식圖式이기에 우리는 어떤 판단을 내릴 때 편견과 선입견을 적용하곤 한다.

결정이라는 목적지까지 최단거리로 설정된 이 도식은 효율적인 판단에 도움을 주지만 때때로 섣부른 오판으로 이어지기도 한다. 내구도가 정해진 인간이기에 가질 수밖에 없는 한계이기도 하다. 직접 경험하기 전까지는 판단을 미루거나 모든 가능성을 고려한다는 태도는 고결하지만 비현실적이다. 아무리 질기고 튼튼한 사람이라도 새로운 것을 접할 때마다 매번 도전해 시행착오를 겪어가며 데이터를 업데이트할 수는 없다. 낯선 것과 조우하면 당연히 조심스러울 수밖에 없고, 지난 경험과 기억에 비추어 상상하고 자신의 스키마에 따라 눈앞의 상대방을 가늠하게 된다.

그렇기에 편견과 선입견이 항상 나쁜 것만은 아니다. 우리는 살면서 불가피하게 제한된 정보만으로 판단을 내려야만 하는 상황과 맞닥뜨릴 수밖에 없다. 어쩌면 결정을 내려야 하는 거의 모든 갈림길이 우리가 경험해보지 못한 영역일 수도 있다. 이때 우리는 효율성을 위해 어느 정도 오류를 감수하게 된다. 편견과 선입견은 기민한 코로 우리를 지름길로 안내해주는 사냥개이자 같은 실수를 반복하지 않도록 지켜주는 번견이 되기도 하는 것이다.

백문이 불여일견, 우리를 지켜주는 한 마리의 개

편견과 선입견이 문제가 되는 상황은 두 마리의 개가 목줄을 풀고 우리의 통제 밖을 벗어나는 순간이다. 그런 경우에는 대개 개가 주인을 물게 된다. 앞으로 걸음을 내딛으려 할 때마다 편견과 선입견이 번갈아가며 종아리를 물어뜯고 전진을 방해하는 것이다. 그래서 우리는 낯선 것과 맞닥뜨렸을 때나 갈림길에서 판단을 내려야 할 때 자신만의 지식이나 경험을 핑계로 삼아 미리 차단부터 한다.

때때로 편견과 선입견은 주인에게 좋지 않은 방향으로 번견이 되기도 한다. '나는 이미 나이를 먹을 만큼 먹었어. 젊은 사람 흉내 낼 필요는 없지.' '나 편하자고 사용하는 것인데 꼭 저렇게까지 익혀야 하는 거야?' 변화 앞에서 이런 식으로 웅크린 채 내게 주어진 기회를 외면하는 것이다. 우리는 이러한 태도를 '게으름'이라고 자책하지만 진실은 용기가 없어 편견과 선입견 뒤에 숨은 것뿐이다.

두 마리 개의 저주에서 벗어날 수 있는 유일한 방법은 다른 한 마리의 개, 즉 '백문百聞이 불여일견不如一見'을 키우는 것이다. 앞서 이야기한 것처럼 모든 것을 하나하나 경험할 때까지 판단을 미룰 수는 없다. 그러나 두려워서 엄두도 내지 못하는 것에 대해서만큼은 직접 보고 경험해볼 필요가 있다. 직접 해보면 익숙해지고, 익숙해지면 별것 아니라는 것을 깨닫게 되기 때문이다.

나는 오래전부터 기회가 닿을 때마다 IT 감수성을 키워야 한다고 자주 말해왔다. 하지만 아쉽게도 그다지 큰 관심을 받지는 못했다. 듣는 이들이 당장 자신에게 필요한 것이라고 생각하지 않았기 때문이다. 그 중요성에 대해 공감하는 이들 가운데에서도 IT라는 단어가 주는 특유의 거리감 때문에 생각으로만 머무른 경우가 많았을 것이다.

클라우드 서비스로 예를 들어본다. 클라우드 서비스는 인터넷상에 자료를 저장한 다음 별도의 프로그램이나 저장기기 없이도 인터넷 접속을 통해 언제 어디서나 자료를 이용할 수 있는 서비스를 가리킨다. 문서를 자주 쓰는 장년층들이 클라우드 서비스를 업무에 활용한다면 그 효율이 몇 배로 늘어날 것이다. 그럼에도 상대적으로 IT에 친화적인 사람들조차 클라우드 제품군에 대해서는 보안을 이유로 이용을 꺼리는 경우를 많이 봐왔다.

사이버 세계에서 완벽한 보안이란 존재하지 않는다. 누군가 작정하고 덤벼든다면 뚫릴 수밖에 없지만, 반대로 그러한 침입 시도를 사전에 파악하고 막을 수도 있다. 사이버 공간에서 보안이란 창과 방패처럼 뚫리면 개선해서 막고, 그러다가 또 뚫리곤 하는 순환 사이클이다. 그리고 널리 알려진 클라우드 제품군의 보안 수준은 은행들에 뒤지지 않는다. 미국 정부기관들도 아마존 등의 클라우드 제품을 사용한다. 보안 위험은 필요 이상으로 과장된 측면이 많다. 업무 편의성과 보안 확보라는 두 마리 토끼는 얼마든지 동시에 잡을 수 있다. 보안이 염려되어 사용하지 않겠다는 생각은 신중함을 가장한 회피일 뿐이다.

사람은 나이를 먹어갈수록 신체관절이 그러하듯이 생각의 틀 또한 점점 굳어질 수밖에 없는 것이 사실이다. 그러나 적지 않은 나이를 이유로 고도의 전문성이 요구되는 툴이 아님에도 간단한 프로그램 사용법에 대한 설명조차 듣지 못하겠다는 이야기에는 그다지 공감이 가지 않는다.

　나는 망설이는 사람들을 볼 때마다 호기심을 자극하는 괴소문이나 집단적 관음증을 유발하는 동영상이 반나절 만에 소셜미디어 세계에서 전파되곤 하는 풍경을 떠올린다. 그러한 괴소문이나 영상들은 젊은 층보다 오히려 새로운 도구에 익숙하지 않은 장년층 이상에게서 훨씬 적극적으로 공유되었다. 속도에서도 젊은이들보다 더 빨리 귀나 눈동냥을 얻는 경우가 많았다.

　이런 행태를 IT 감수성이라고 할 수는 없을 것이다. 다만 여기서 한 가지는 생각할 수 있다. 그들이 젊은 사람들도 익숙지 않은 기능들을 활용해 정보들을 빠르게 공유할 수 있었던 까닭은 바로 관심이 있었기 때문이다. 타인의 은밀한 속사정은 뇌가 즐겁게 느끼기 때문이다. 동기만 충분하다면 낯선 디지털의 이기일지라도 누구나 쉽게 접근할 수 있다. 새로운 것에 접근하고자 하는 마음을 방해하는 장애물은 항상 게으름을 가장한 두려움이었다.

관용, 은밀하게 세상을 물어뜯는 두 마리 개를 다스리는 힘

우리는 모두 자신만의 두 마리 개들을 키우고 있다. 만약 누군가 편견과 선입견이 없다고 말한다면, 아마도 그는 거짓말쟁이일 것이다. 다만 우리는 이 두 마리의 개를 절대로 밖에 내놓지 못한다. 결정을 내리기까지 사고의 도식이 간결하다는 것은 효율적이란 설명으로 표현될 수 있지만 생각이 짧고 단순하다는 모습으로 비칠 수도 있다. 뾰족한 이빨을 가진 채 잔뜩 경계하는 사나운 개를 이웃에게 보여서 좋을 것은 없다. 과거의 경험으로 아직 경험하지 않은 영역을 미리 재단하는 것은 윤리적인 문제로까지 번질 수 있기도 하다. 그래서 우리는 아주 친한 사이가 아니고서는 자신만의 편견과 선입견을 드러내지 못한다. 있어도 없는 척, 서로 알아도 모르는 척 적당히 반쯤 눈을 감은 채 은밀하게 데리고 사는 것이다.

앤서니 그린월드Anthony Greenwald 워싱턴대 교수와 마자린 바나지 Mahzarin Banaji 하버드대 교수는 검사자가 스스로의 편견을 확인할 수 있게 하는 IAT 테스트를 개발했다. 테스트의 내용은 간단하다. 평범한 키워드를 연속해서 보여준 다음 긍정적으로 느끼는지, 부정적으로 느끼는지를 체크만 하면 되는 것이다. 이 테스트가 가진 독특성은 즉답을 해야 하는 데 있다. 고민하지 말고 거의 즉각적으로 답해야 다음 문제로 넘어갈 수 있다.

우리에게도 널리 알려진 경영사상가 말콤 글래드웰Malcolm Gladwell 은 이 테스트를 받아보고 큰 충격에 빠졌다. 어머니가 자메이카

출신이며 진보적이고 공정한 지식인이라는 평가를 받고 있음에도 그에게는 흑인에 대한 좋지 않은 선입견이 있었던 것이다. 그는 오프라 윈프리와의 인터뷰에서 "실망스럽고 소름이 돋는 순간"이었다고 회고했다.

우리는 약자가 상황을 전복시키고, 생소한 것을 있는 그대로 포용하는 용기를 목격할 때 환호와 지지를 보낸다. 그러나 정말 그럴까? 우리에게는 자신이 가진 편견과 선입견이 정치적으로 옳지 않을 때가 있음을 알기에 느끼는 죄책감이 있다. 그렇기에 남들에게는 그것을 들키지 않고자 하지만, 편견과 선입견 자체가 사라지지는 않는다. 대신 그 두 마리의 개는 땅에 납작 엎드린 자세로 보다 은밀하게 우리 사이를 배회한다. 이런 은밀함이, 노골적으로 편견과 선입견을 드러내는 것보다 훨씬 좋지 않을 수 있다.

인터넷을 사용하는 이들은 모두 편견과 선입견을 잘 다스렸기 때문에 사이버 세상에 접속할 수 있었을 것이다. 그러나 정작 인터넷 안에서는 편견과 선입견의 떼가 곳곳에서 이빨을 드러낸 채 활보하고 있다. 이 개들은 거대한 흐름을 형성해 주인뿐만이 아니라 서로를 물어뜯고, 나아가 얼굴도 모르는 타인에게 덤벼들기도 한다. 우리는 이 두 마리 개도 다스려야 한다. 우리가 생각근육을 균형 있게 키워야 하는 까닭은 이 때문이기도 하다.

_ 살아가는 모든 것은 변한다

08. _____ 소프트웨어가 더 중요하다

1981년 MTV가 개국하면서 최초로 상영한 뮤직비디오는 그룹 비글스의 〈비디오 킬드 더 라디오스타$^{Video\ Killed\ the\ Radio\ Star}$〉였다. 우리는 그 선곡을 소프트웨어인 음악이 하드웨어인 음원재생기기와 환경에 크게 영향을 받는 상황에 대한 상징으로 받아들인다. 누군가는 라디오 또한 이전의 무엇인가를 죽이고 등장했으리라 감상에 젖기도 한다.

노래 제목에서 알 수 있는 것처럼 지금까지 우리가 누려왔던 각종 콘텐츠의 변화는 하드웨어가 주도해왔다. 그러나 각 변화의 시기마다 그 시절을 상징했던 것은 항상 하드웨어 자체가 아니라 그 새로운 하드웨어의 힘으로 운용되는 소프트웨어였다.

정겨웠던 소리를 들려줬던 레코드판이 카세트테이프로 바뀌는가 싶더니 어느샌가 CD플레이어가 그 자리를 차지했다. 뒤이어 MP3플레이어를 너도나도 가지고 다니는 풍경에 채 익숙해지기도 전에 멜론과 같은 인터넷 스트리밍 서비스로 음악을 듣게 되었다. 한편으로는 그와 정반대 방향으로 아스텔앤컨과 같은 고음질을 지원하는 음원 플레이어들도 등장했다. 세상은 수많은 시체를 넘어 빠르게 변화하고 있다. 비디오는 라디오를 '킬'했고, 모바일은 온라인을 '킬'하고, 스트리밍은 다운로드를 '킬'하고 있다. 그러나 레코드판에 담겼던 노래들은 지금도 여전히 방송과 공연에서 자주 흘러나오고 있다. 소프트웨어는 질기다.

이제 우리는 어느 국가와 견줘도 손색이 없을 정도로 뛰어난 하드웨어들을 생산할 만한 기반을 성공적으로 마련했다. 그에 반해 그 하드웨어에 담기는 영혼인 소프트웨어에서는 상대적으로 발전이 더딘 듯하다. IT 쪽만 보더라도 능력 있는 게임개발자나 벤처 소프트웨어 개발자들이 열악한 근무환경과 소프트웨어를 중시하지 않는 사회 분위기에 절망하며 한국을 떠나고 있다.

우리에게도 소프트웨어의 바탕이 있다

2017년 미국의 나이앤택에서 일본 닌텐도의 포켓몬 시리즈를 증

강현실과 결합시켜 만든 스마트폰 게임인 〈포켓몬 고〉가 전 세계
적으로 굉장한 인기를 누렸다. 한국에서 정식으로 서비스되기 전
에는 속초나 울산 간절곶과 같이 〈포켓몬 고〉 서비스가 제한적으
로나마 지원되는 지역에 때 아닌 사람들이 몰리면서 큰 소동이 벌
어지기도 했다.

증강현실(AR)이라는 신기술이 적용되었다고 하지만 〈포켓
몬 고〉의 시스템 원리는 간단하다. 우선 피카츄를 비롯해 포켓몬
500여 마리가 현실 속 특정 위도와 경도 지점에 일정 확률로 출몰
하도록 설정한다. 이후 게임 이용자가 해당 장소에 직접 가면 GPS
신호를 통해 이용자의 위치를 파악해 이에 해당되는 몬스터 데이
터를 이용자의 스마트폰 카메라에 증강현실로 띄운다. 게임 이용
자는 스마트폰에 뜬 몬스터를 마치 현실에서 곤충 채집을 하듯이
잡아서 키운다.

〈포켓몬 고〉가 인기를 끌면서 우리나라에서 그보다 5년 먼저
이미 같은 기술을 활용한 게임을 개발했다는 이야기도 알려졌다.
물론 스마트폰이 널리 보급되지 않았던 시기 한 대기업에서 마케
팅용으로 가볍게 만든 게임과 포켓몬 고를 수평 비교할 수는 없
다. 이러한 아쉬움은 어느 콘텐츠의 성공 이후 으레 따라 나오는
호들갑일 것이다. 그러나 우리에게 일찌감치 〈포켓몬 고〉 못지않

은 게임을 만들 만한 기술이 있었다는 것만큼은 사실이다. 마찬가지로 그런 기술이 있었음에도 우리는 〈포켓몬 고〉와 같은 소프트웨어를 만들지 못했다는 것 또한 사실이다.

누군가는 포켓몬이 일본 특유의 신도神道와 요괴라는 문화적 소프트웨어가 있었기 때문에 탄생할 수 있었다고 지적한다. 그러나 우리에게도 뛰어난 문화적 소프트웨어가 있다. 바로 《조선왕조실록》이나 《승정원일기》와 같이 전 세계적으로도 유례를 찾아보기 힘들 정도로 풍부한 기록문화의 유산들이다.

이미 《조선왕조실록》은 번역과 디지털 작업을 거쳐 지금은 누구나 쉽게 인터넷을 통해 자료를 열람할 수 있다. 《승정원일기》 또한 그 방대한 양 때문에 쉽지 않은 일임에도 많은 학자들과 전문 번역가들의 노력으로 약 20퍼센트 정도 번역을 끝냈으며, 나머지도 인공지능의 힘을 빌려 속도를 낼 예정이라고 한다. 나는 지금까지 출간된 의미와 재미를 동시에 갖춘 역사서들이나 사극이라는 소프트웨어의 배경에는 이와 같은 아날로그와 디지털의 조화가 있다고 본다. 만약 《조선왕조실록》 번역 작업이 늦어졌다면 〈성균관 스캔들〉이나 〈뿌리 깊은 나무〉, 〈대장금〉과 같은 한류 콘텐츠는 나오지 못했을지도 모른다. 우리에게 소프트웨어의 바탕이 될 만한 유산이 없다는 지적은 핑계일 뿐이다.

창작자들의 봉사와 희생을 바라는 사회

이미 충분한 기술을 가지고 있으면서도 〈포켓몬 고〉와 같은 게임이 나오지 못하는 까닭은 포켓몬과 같은 매력적인 창작 콘텐츠가, 피카츄와 같은 매력적인 캐릭터가 부족하기 때문이다. 그리고 이러한 소프트웨어가 부실한 까닭은 관련 업종의 인재들을 무시하고 창작 문화를 홀대하는 우리의 편견과 선입견 때문이다.

2016년 2월 보건복지부에서는 인터넷을 알코올, 마약, 도박과 함께 4대 중독물질로 규정했다. 물론 과도한 인터넷 이용은 문제가 될 수 있다. 그러나 인터넷을 기반으로 한 각종 소프트웨어 산업들의 규모가 나날이 커지고 있는 상황에서 우리는 여전히 반도체와 같은 하드웨어 사업에만 머문 채 게임과 같은 소프트웨어 개발을 각종 규제로 막고 있다. 이러한 현실에서 왜 우리는 창의적인 소프트웨어를 내놓지 못하느냐고 개발자들을 닦달하며 어딘가에서 특별한 천재가 운 좋게 태어나기만 기다리고 있다.

언젠가 세계의 인공지능 관련 인재들이 모두 미국으로 몰린다는 이야기를 들었다. 2017년 인맥관리 소셜미디어 '링크드인'에 올라온 채용공고를 보면 애플, 페이스북, 인텔과 같은 글로벌 IT 기업들에서 미국 본사에서 근무할 한국계 인력 채용을 진행하기도 했다. 정작 한국에서는 알파고가 일으킨 관심만 요란할 뿐 아직까지 그럴싸한 일자리를 찾기 어려운 실정이다.

미국으로 인재가 유출되는 까닭은 간단하다. 미국에서 가장 좋은 대우를 보장하기 때문이다. 당장 연봉만 보더라도 미국 실리콘밸리의 신입 엔지니어는 12만~15만 달러 수준을 받는다. 사내 복지나 근무시간 등 삶의 질을 기준으로 삼으면 비교조차 되지 못한다. 미국은 세계 각국에서 내로라하는 인재들을 꾸준하게 불러들여 인공지능을 비롯한 차세대 소프트웨어 산업을 사실상 독점하려고 하고 있다. 그러한 계획에서 만들어진 프로그램 가운데 하나가 앞서 이야기했던 알파고다.

2017년 8월 중국 네이멍자치구에서 세계인공지능바둑대회가 열렸다. 세계 각국에서 심혈을 기울여 개발한 인공지능들이 그곳에서 자웅을 겨루며 지금까지의 성과를 점검했다. 참가한 인공지능 프로그램들 가운데 중국의 쮀이絶藝는 알파고의 성능을 추월하기 위해 천문학적인 액수가 투입된 결과물이다. 그런 쮀이를 꺾은 일본의 딥젠고DeepZenGo는 네트워크 엔터테인먼트 기업인 드왕고dwango가 자금을 대고 도쿄대학교 딥러닝 연구팀이 심혈을 기울인 프로젝트의 결과다. 이렇게 알파고 못지않은 괴물 인공지능 프로그램들 사이에서 우리나라에서 개발한 돌바람이 대회 8강에까지 오르며 선전했다.

그러나 돌바람은 줴이나 딥젠고와 같이 넉넉하게 지원받으며 만들어진 인공지능 바둑프로그램이 아니다. 임재범 누리그림 대표와 직원들의 남다른 노력으로 겨우 완성된 결과물이다. 명확한 목표에 의해 체계적인 지원을 받으며 차근차근 단계를 밟아나가며 성취를 이루는 것이 아니라, 개인의 희생이나 갑자기 튀어나온 비범한 천재의 분투를 통해 놀라운 성과를 거두는 광경은 안타깝게도 우리에게 퍽 익숙하다.

다음은 소프트웨어다

디지털 혁명의 미래를 가늠하자면 이처럼 미국이 선도하고 중국과 일본, 유럽연합 등이 맹렬하게 추격하는 상황에서 치열한 물밑 전투의 결과들이 하나둘씩 세상에 모습을 드러낼 것이다.

첫째, 구글, 애플, 아마존 등 거대 IT기업들이 벌이는 전쟁은 알파벳이라는 이름으로 지주회사를 만든 다음 각 전문분야에서 핵심인 기업을 자회사로 거느린 구글이 유리한 위치를 점할 것이다. 하지만 오프라인의 물류의 강자이자 클라우스 서비스 제공의 일인자라 할 아마존도 무시할 수는 없다. 디지털 혁명의 시기에는 특정 기업이 독주하는 영역은 존재하지 않는다.

둘째, 향후 2년에서 3년 이내에 PC기반 음성 받아쓰기 성능이 급격하게 올라갈 것이다. 또한 텍스트를 음성으로 바꾸는 데에서 나아가 인공지능을 바탕으로 유명인의 목소리를 그대로 흉내 내 텍스트를 읽어주는 서비스가 보편화될 것이다. 이미 2016년부터 네이버 오디오북에서는 배우 유인나의 목소리로 책을 읽어주는 서비스를 제공하고 있다. 최근 국내외에서 경쟁적으로 출시하고 있는 인공지능 스피커 또한 이러한 트렌드를 잘 보여준다. 스피커와 나눈 몇 마디 대화의 데이터들은 차곡차곡 클라우드 어딘가에 집적된 후 딥러닝의 연료로 사용되어 음성인식 인공지능의 성능을 강화시키는 데 사용되고 있다.

셋째, 자율주행차량은 당분간 고속도로 구간 중심으로 시험을 마친 다음 법률 정비와 시가지에서의 혹독한 검증 과정을 거쳐 5년에서 10년 이내에 완전 상용화에 성공할 것이다. 이에 따라 차는 움직이는 집에 가까운 개념이 될 것이며, 자율주행차량에 탑재할 인공지능과 관련 소프트웨어 시장이 폭발적으로 성장할 것이다.

넷째, 사물 인터넷이 더욱 분야별로 확대 발전해 향후 5년 이내에 현재 스마트폰 중심의 패러다임이 다시 급격하게 변화할 것이다.

ㅡ 살아가는 모든 것은 변한다

앞서 언급했던 것처럼 구글에서는 아예 핸들과 엑셀레이터가 없는 차를 만들어 320만 킬로미터 주행에 성공했다. 테슬라가 시내에서 자율 주행하는 기록을 보면 핸들이 저절로 차선을 인식하고 있다. 그렇다면 구글이 왜 이런 자율주행차량을 만드는 것일까? 현대자동차를 경쟁자로 삼아 새로이 자동차시장에 진출하려는 장기 계획이라도 세운 것일까?

아마도 아닐 것이다. 구글이 자율주행차를 개발하는 까닭은 인간으로 하여금 운전대에서 손을 자유롭게 만들어 그 남는 시간만큼 구글이 제공하는 서비스를 이용하게 만들려는 데 있다. 구글이 제공하는 ASMR(Autonomous sensory meridian response, 자율감각쾌락반응)과 힐링 영상을 보고 들으며 휴식을 취하고, 구글 홈페이지에서 자료 검색을 하며, 잠시 차에서 떠나 있는 동안에도 차 안의 반려동물이나 아기를 돌봐 줄 서비스를 구글로부터 이용하게 하려는 것이다.

얼마 전 외국에 나가서 구글맵을 작동해 보니 주변 지도가 상세히 한글로 표기되어 있어서 내비게이션을 켜고 한국의 골목길을 지나듯이 전혀 위화감 없이 길 안내를 받을 수 있었다. 뿐만 아니라 인근의 음식점이나 주유소, ATM, 커피점, 약국 등 모든 편의시설이 사용자들의 별점평가까지 붙어 자세하게 소개되고 있었다. 재치 있는 사람들이 잘만 활용하면 특별히 관광 가이드가 필요 없겠다는 생각이 들었다. 이대로라면 외국으로 여행을 갈 때마다 가지기 마련인 언어의 장벽에 대한 걱정도 조만간 해결될 것으로 보인다.

소프트웨어는 어떤 소프트웨어 프로그램을 개발할 수 있는 기술적 역량뿐만 아니라 창의적인 소프트웨어들의 바탕이 되는 문화적 소프트웨어와 그것을 제대로 향유할 수 있는 사회적 기반까지도 포괄한다. 우리는 첨단기술이 주는 현란함에 홀리게 되지만, 정말 주목해야 하는 부분은 기술 자체가 아니라 신기술로 구현될 소프트웨어들과 이들이 창조해낼 새로운 생태계다. 그리고 이러한 소프트웨어의 개발에는 우수한 인재를 대거 투입해 단기간에 따라잡는 전략이 아니라 꾸준하고 진정성 있는 국가적인 차원의 지원과 기업의 협조가 그 무엇보다 중요하다. 우리는 하드웨어를 이미 갖췄다. 다음은 소프트웨어다.

09. _____ 변화 앞에서 비겁해지지 않는 용기

2016년 고희를 훌쩍 넘긴 강봉수 박사는 미국 머시드 캘리포니아 대학원에서 물리학 박사학위를 받았다. 꿈을 가지고 외국으로 유학을 가 학위를 받는 것이 요즘에는 그리 특별하게 느껴지지 않을지도 모르겠다. 그러나 강봉수 박사는 유학을 가기 얼마 전까지 국내 유수의 로펌에서 고문 변호사로 일했으며, 변호사가 되기 전에는 30년에 가까운 시간을 법원에서 봉사한 베테랑 법관이었다. 나는 1997년경 강봉수 당시 법원도서관장을 모시며 곁에서 한국형 법률 DB를 개발할 기회를 가졌다. 20년 전 그 조사심의관이 강산이 두 번 변해 법원도서관장이 되었으니, 대를 이은 인연이다.

강봉수 박사에게는 안정되고 윤택한 내일이 어렵지 않았을 것이다. 그러나 그는 66세에 이르러 모든 것을 정리하고 자신이 평생 몸담은 분야와 전혀 상관없는 물리학을 공부하기 위해 먼 미국으로 떠났다. 낯선 환경에서 낯선 학문을 공부하는 것이 얼마나 힘들 것인지에 대해서는 짐작만 할 뿐이다. 강봉수 박사는 그렇게 7년간 흔들리지 않고 노력한 끝에 전자파와 관련된 연구로 박사학위를 받았다.

뉴스에 소개된 강봉수 박사의 인터뷰를 읽다가 한 구절이 오랫동안 눈에 박혔다. "미국에서는 졸업식을 시작Commencement이라고 부른다. 이제 다시 시작할 때가 온 것 같다"라는 소감이었다. 강 박사님 당신께서는 적지 않은 나이에 스스로를 낯선 곳에 떨어뜨려 큰 성취를 이뤘음에도, 멈추지 않고 새로운 길에 다시 도전하고자 한 것이다.

내일 죽을지라도 나는 오늘 성장하고 싶다

정약용은 환갑에 이르러 자신의 묘지명을 스스로 써야 했다. 자찬 묘지명이 드문 일은 아니지만 정약용에게는 가슴 시린 경험이었다. 대개 묘지명이란 지인이 써주기 마련인데, 귀양을 다녀오고 몰락한 처지인 그의 주변에는 남아 있는 사람들이 없었다. 한때 정조의 총애를 받았던 한 천재는 그렇게 남양주 두물머리 어귀에서 자

　　　　　　　　　— 살아가는 모든 것은 변한다

신의 죽음 너머를 바라보며 붓을 들어 스스로에게 말을 건넸다.

나는 임오에서 다시 임오에 이르기까지 한 갑자의 시간을 견뎠다. 그르침에 대한 뉘우침으로 보낸 세월이었다. 이제 지난날을 거둔다. 거두어 정리하고 삶을 지금부터 다시 시작하고자 한다. 진정으로 올해부터 촘촘하게 닦고 실천하며, 본분을 돌아보며 주어진 삶을 나아가고자 한다.

鏞生於乾隆壬午, 今逢道光壬午, 一甲子六十朞, 皆罪悔之年也. 收而結之, 以還一生, 其自今年, 精修實踐, 顧諟明命, 以畢其餘生.

박희진 경북대 교수가 발표한 논문에 따르면 18세기 조선 양반들의 평균 수명은 58세 가량이었다. 저 글을 썼을 당시 정약용은 이미 당시 기준으로 평균 수명을 넘긴 데다 20년에 이르는 유배 생활로 심신이 피폐해진 상태였다. 그럼에도 정약용은 환갑을 맞으며 지금까지의 삶을 돌아보는 데 그치지 않고 새롭게 삶을 다시 시작하겠다고 다짐한 것이다. 그는 아무리 박한 처지에 놓였어도 결코 미래에 대한 기대를 포기하지 않았다. 내일 죽을지라도 오늘 어제보다 더 나은 사람이 되기 위해 노력했다.

가지 않은 길 The Road not Taken

우리의 일생을 비유하자면 수많은 갈림길로 이뤄진 미로일 것이다. 우리는 그 길을 걸어가며 갈림길을 맞을 때마다 어느 길로 갈지를 선택하게 된다. 대개는 별다른 고민 없이 여상하게 넘기는 결정일 것이지만 때때로 갈림길 앞에 서서 어떤 잔인한 판단을 각오해야 하는 상황과 맞닥뜨리기도 한다. 그리고 그때 내린 판단은 반드시 삶의 경로에 큰 변화를 주게 된다.

변화된 길은 누구에게나 버겁다. 그럼에도 어떤 이는 변화의 순간마다 과감하게 낯선 길을 선택한다. 나는 그 용기를 동경한다. 오래전 풍요로운 아프리카를 뛰쳐나와 전 세계로 퍼져나간 인류의 선조들인 호모에렉투스와 호모사피엔스가 그랬듯이 역사는 그렇게 위험을 자처했던 이들에 의해서 전진했다. 어떤 이는 상대적으로 안온하고 예상 가능한 길을 선택한다. 나는 그 신중한 선택을 존중한다. 모두가 진취적이고 새로운 도전을 추구하면 세상이 안정을 유지하지 못한다. 그리고 어떤 이는 변화의 상황에서 아예 결정 자체를 포기하고 제자리에 주저앉는다. 나는 그 선택 또한 존중한다. 인간은 항상 전진할 수 있을 만큼 튼튼한 존재가 아니다. 우리는 늦든 빠르든 어느 순간부터는 발걸음을 멈추는 순간을 맞게 된다. 그동안 충분히 걸어왔다면 그쯤에서 발걸음을 멈

취도 흉볼 이는 없을 것이다.

　다만 이렇게 말하고는 싶다. 포기해도 좋고, 전진해도 좋으니 그 모든 결정은 스스로의 의지와 판단에 의해 주도적으로 진행되어야 한다. 어떤 낯선 존재 앞에서, 희미한 변화 앞에서 우리는 그동안 쌓아온 자신 안의 스키마에 의지해 짐작을 하고, 또 판단을 내린다. 때때로 그 판단은 결과적으로 '옳았다'는 평가를 받기도 하고, '틀렸다'는 원망을 받기도 한다. 어쩌면 편견과 선입견이라는 두 마리 개는 훗날 내려지는 결과론적인 이야기일 수도 있다. 그래서 어느 정도 세월을 보낸 이들은 자신의 과거에 확신이 있고, 동시에 그만큼 미래에 대한 두려움이 있기 때문에 새로운 선택과 변화를 꺼린다.

　그럼에도 아주 작은 용기는 조심스럽게 권하고 싶다. 우리는 언젠가 마지막 갈림길에서 주저앉겠지만, 그 판단을 별것 아닌 호기심과 용기로 조금씩 유예시킬 수는 있다. 때로는 그런 사소한 결단들이 쌓여 새로운 길을 열기도 한다. 만약 어떤 변화 앞에서 주저하게 된다면, 내가 이쯤에서 그만 멈추고 싶은 것인지 아니면 지레짐작으로 머뭇거리다가 가지도 그렇다고 머무르지도 못한 채 제자리를 맴도는 것은 아닌지 되짚어봐야 한다.

변화 앞에 선 우리의 자세

인생에서 무엇보다 중요한 것은 스스로에게 질문해보는 것이다. 질문 자체를 멈추게 되면 스스로 생각할 줄 모르는 사람이 된다. 스스로 생각하기를 멈췄다는 것은 그 판단에 대해 책임을 지지 않겠다는 것을 의미한다. 그리고 우리는 책임을 모르는 어른을 가리켜 이렇게 평가한다. 비겁한 사람.

우리는 강봉수 박사가 아니고, 정약용도 아니다. 당장 오늘 산 스마트폰의 매뉴얼을 읽는 것이 버겁고, 그동안 잘해온 방식을 바꾸는 것이 부담스럽다. 하지만 우리는 조선시대 양반들과는 다르게 환갑 이후에도 여전히 길게 남은 삶에 대해 고민해야 한다. '삶은 아직 오지 않은 죽음'이라는 라이너 마리아 릴케^{Rainer Maria Rilke}의 말을 변주하자면, 지금의 정체^{停滯}는 아직 오지 않은 변화일 뿐이다.

우리 뒤에는 수없는 갈림길이 있었고, 앞에도 변화와 결단을 강요하는 갈림길들이 무수히 놓여 있다. 살아가는 한 그것을 피할 수는 없다. 이러한 변화의 길목에 서게 되었을 때 취할 수 있는 어른스러운 태도는 한 가지밖에 없다. 미리 포기하지 않는 것이다.

2부

살아남은 어떤 것은
결코 변하지 않는다

4장
_____

아날로그가
먼저다

10. _____ 디지털 디톡스.
잠시 멈추고 독을 해소하는 시간

나에게는 자그마한 검은색 전동 커피 그라인더가 있다. 1988년 서울 올림픽 무렵 구입한 제품이다. 기능도 단출하고 버튼도 하나뿐이다. 그 어떤 자동조절 장치도 없다. 신기한 것은 30년이 지난 지금도 같은 모델이 출시되고 있다는 사실이다. 사무실로 출근하고 나면 그 커피 그라인더로 원두를 갈아 사무실 직원들과 함께 커피를 나누며 하룻밤 사이의 안부를 묻는다.

커피콩을 갈 때에는 전원 버튼을 엄지손가락으로 누르고 눈을 가만히 감는다. 삼십여 년을 함께 보낸 세월이 있기 때문에 이제는 소리만으로 갈려지는 커피콩의 상태가 어느 정도인지 가늠할 수 있게 되었다. 요즘 커피 그라인더는 가격도 합리적인 데다 훨씬 빠른 속도로 곱게 가는 듯하다. 취향에 따라 가는 시간을 조절

— 살아남은 어떤 것은 결코 변하지 않는다

할 수도 있다고 한다. 그러나 나는 수십 년째 여전히 같은 커피 그라인더로 커피콩을 갈고 있다. 기계의 수명이 다하지 않는 한 바꿀 일은 없을 것이다. 커피 그라인더가 내 손가락과, 내 커피 취향에 맞춰진 만큼 나 또한 그 오래된 커피 그라인더에 맞춰졌기 때문이다. 새것이 나왔다고 해서 무작정 기기를 바꾸는 것을 나는 결코 변화나 도전이라고 생각하지 않는다.

내가 커피콩을 갈아 커피를 내려 마시는 까닭은 효율을 위해서가 아니다. 굳이 커피 그라인더를 사용하는 이유 또한 신기술로 곱게 간 커피의 입자를 확인하기 위함이 아니다. 나에게는 커피를 마시는 시간만큼이나 커피를 준비하는 시간이 중요한 즐거움이고, 이렇게 버튼을 누른 채 오래된 모터가 여전히 힘차게 돌아가는 소리를 귀로 느끼는 시간이 소중하다. 손때가 탄 커피 그라인더에는 기계와 내가 서로 물들고 물들인 시간이 있고 아주 잠깐이나마 휴식을 취하며 이런저런 생각을 내려놓았던 사연이 묻어 있다.

디지털 속에서 아날로그를 그리워하다

오래 묵은 전자제품들은 오래 묵은 잠언처럼 역설을 품고 있다. 골동품처럼 취급받지만 그 오래된 세월만큼 사용자가 처음 그것을 구입했을 당시에 얼리어답터였음을 증명하기도 한다. 한때 낯설게 느껴졌던 기기는 시간이 지나면서 차츰 빛이 바래지고 익숙해진다. 우리 민담에서 도깨비는 손때가 오래 묻은 물건들에서 비롯된다고 한다. 사람과 함께한 세월에는 사람의 정精이 묻어 있기 때문이라는 것이다. 그래서 오래된 물건들에는 사연이 있다. 나는 한때 물 건너 온 낯선 첨단기기였던 커피 그라인더를 보며 아날로그와 디지털, 그리고 옛것과 새것의 조화를 떠올려본다.

국어사전을 보면 아날로그를 "수치를 길이·각도 또는 전류라는 연속된 물리량으로 나타내는 방식"이라고 설명한다. 그러나 오늘날 '아날로그'란 단어를 사전적인 의미에서 사용하는 이는 거의 없을 것이다. 우리는 디지털적이지 않은 모든 것을 뭉뚱그려 아날로그라고 일컫는다.

한편 국어사전에서 디지털은 "연속적인 값을 갖는 데이터나 물리량을 수치로 바꾸어 처리하거나 숫자로 나타내는 방식"이라고 나와 있다. 아날로그와 마찬가지로 사전적인 의미로 '디지털'을 사용하는 이는 많지 않을 것이다. 일반적으로 0과 1이란 이진수 신호를 처리하는 컴퓨터 시스템이나 이를 활용한 넓은 범위의 전자기기를 아울러 우리는 디지털이라고 한다. 재미있는 것은 '디지털digital'을 영어사전에서 찾아보면 손가락이나 숫자와 관련된 형

용사임을 확인할 수 있다. 디지털의 원래 뜻은 손가락을 꼽아가며 수를 헤아리던 아날로그에 가까운 것이었다.

나는 지금까지 아날로그를 마치 인간이 응당 가지고 있을 법한 옛것처럼 묘사했다. 실제로 아날로그는 디지털을 기준으로 삼아 비교하듯 쓰기 때문에 어느 정도 추상적인 개념이 되기도 했다. 이를테면 아날로그는 전자기기에 대비되는 물건이란 뉘앙스를 넘어 고전적인 어떤 가치를 가리키는 것으로 뜻이 변화했다. 그래서 우리는 전자책이나 컴퓨터 게임 등과 대비되는 개념으로 '수치를 연속된 물리량으로 나타내는 방식'과는 전혀 무관한 종이책을 꼽으며 '아날로그가 주는 매력'이라고 말한다.

이렇게 변화한 의미가 원래의 뜻과 썩 다른 것 같지도 않다. 아날로그의 어원은 '유사하다'라는 뜻을 가진 그리스어 '아날로기아analogia'다. 무엇인가를 흉내 내기 위해서는 보고 익혀 몸에 새겨야 한다. 흉내 내는 단 하나의 특성에 초점을 맞추기 때문에 역설적이게도 받아들일 때에는 여러 감각을 활용해야 한다. 컴퓨터 게임을 할 때와는 다르게 오감을 모두 활용하지 않아도 되는 단순함 때문에 주체적으로 콘텐츠를 재구성해 받아들일 수 있는 여지가 오히려 많아지는 독서가 바로 그렇다. 글줄과 행간만으로 이뤄진 이 단순한 전달 수단을 받아들이기 위해서는 손으로 책장의 바스락거리는 촉감을 느끼며 입으로 깊은 통찰을 따라 읽고 귀로 그 읽는 소리를 들어야 하기 때문이다.

근래 들어 디지털 기기로 인한 변화에 대한 반발심이 커지면서 아날로그적인 방식들이 다시 조명을 받고 유행하고 있는 듯하다. 번거로운 과정을 감수하며 레코드판으로 음악을 듣는 젊은이들이 늘어났고, 스마트폰과 같은 편리한 기기를 가지고 있으면서도 굳이 손으로 다이어리를 쓰고 태엽을 감아야 작동하는 시계를 손목에 찬다. 촉각으로 물성을 느끼며 오래 소요되는 시간을 감수하는 까닭은 편리한 디지털 환경을 누리면서 잊고 있었던 어떤 감성을 깨우고 싶었기 때문일 것이다.

잠시 멈춤, 디지털을 해독하는 시간

밖에서는 디지털이란 종교의 선교사처럼 비칠지 모르지만, 나 또한 디지털에 둘러싸인 환경이 채워주지 못하는 가치에 대한 목마름이 있다. 오히려 디지털이 가지고 있는 장점을 일상에서 적극적으로 활용하기 때문에 그만큼 아날로그가 얼마나 소중한지도 알고 있다.

그래서 나는 매일 서너 시간씩 디지털 디톡스의 시간을 꼭 챙

살아남은 어떤 것은 결코 변하지 않는다

기고 있다. 체내의 독소를 약과 운동으로 다스리고 빼냄으로써 몸에 휴식을 주는 것처럼, 디지털 문명이 주는 피로감을 해소하고 디지털 기기와 디지털 문화를 사용하며 쌓인 노폐물을 정리하고자 마련했다. 앞에서 이야기한 새벽 리부팅의 과정과 명상 보행도 디지털 디톡스에 포함될 것이다.

디지털 디톡스라는 표현을 쓰니 '그렇다면 디지털이 독toxic인가' 하고 반문하고 싶어질 것이다. 소가 물을 마시면 우유가 되지만 뱀이 물을 마시면 독액이 된다. 디지털 자체는 독이 아니다. 그러나 디지털이 주는 장점은 때때로 디지털 시대 이전에 인간이 가졌던 중요한 것을 빼앗기도 한다.

본격적으로 디지털 디톡스에 들어갈 때에는 스마트폰을 아예 꺼 두고 전자기기 자체를 멀리 한다. 이때만큼은 스쳐 지나가는 생각이 있어도 그저 흘려보낸다. 생각 스스로 혼자 노닐게 내버려 둔다. 나는 어디로 튈까 궁리하는 그 생각을 설레는 마음으로 응시한다. 초가을 강변 수양버들의 흔들림을 떠올린다. 바람이 한 자락 불어온다. 수천 수백의 휘영청 가지들은 각자의 운동 방향과 운동 세기로 흔들린다. 바람이 멈춘다. 가지들은 천천히 운동을 멈춘다. 다시 바람이 불어온다. 가지들은 바람을 거스르지 않는다. 부는 방향대로 부는 세기대로 출렁대고 멈춘다. 그러나 아름

드리 나무기둥은 담담히 고정되어 있다. 흔들리지 않는다. 뇌 속의 수많은 뉴런 촉수 돌기들이 쉴 새 없이 혈액을 머금은 채 전파를 쏘아대며 연산활동을 진행하듯, 수양버들 가지만이 운동하다 멈추다 반복하며 바람과 함께 노닌다. 초가을 햇볕은 여전히 밝고 또 선선하다.

잠시간 디지털을 차단하는 이러한 행동이 넋을 놓고 시간을 흘려보내는 것은 아니다. '디지털적'이라는 말로 상징되는 모든 생산적인 노력과 효율에 대한 강박을 버리고 가만히 '잠시 멈춤Space out'의 시간을 가지는 것이다. 잠시 멈추고 조용히 관조한다. 이럴 때 디지털은 다시 의미가 변화해 한병철 베를린예술대학 교수가 《피로사회》에서 지적한 '성취를 강요하는 현대사회'로 변화한다. 우리는 오직 자신의 성과를 통해서만 존재감을 확인할 수 있는 세상을 살고 있다. 디지털은 그 성과를 수치로 환산하고 정교하게 측정하는 역할에 대한 은유이기도 하다.

디지털은 우리에게 놀라울 정도의 효율성과 속도감을 제공한다. 그것을 효과적으로 이용할 줄 알아야 현대사회에서 능숙하게 헤엄칠 수 있다. 그래서 나는 디지털 기기와 디지털 문화를 적극적으로 권한다. 다만 디지털적인 모든 것은 그 장점 때문에 역설적으로 사람을 쉽게 피로하게 만들기도 한다. 인간은 피로감을 성취감으로 상쇄하지만, 어느 순간 임계점을 넘게 되면 성취감은 우울증으로 이어지게 된다. 디지털적인 장점을 적극적으로 활용하는 사람일수록 당뇨환자가 혈당 수치 조절에 신경을 쓰듯 이 임계 수치를 넘지 않도록 조심해야 한다. 성취감이 여전히 긍정적인 에너지로 사용될 수 있도록, 의식적으로라도 디지털 디톡스를 일상에서 체화해야 한다.

동전의 양면인 아날로그와 디지털

나는 오늘도 한때 디지털이었으나 지금은 아날로그인 오래된 커피 그라인더에 커피콩을 넣은 다음 가만히 눈을 감는다. 그리고 조금은 신경질적이고, 조금은 삐걱거리는 모터 소리를 들으며 디지털 디톡스의 시간을 가진다. 일을 마친 다음에는 종이책을 꺼내 한 장 한 장 쉬엄쉬엄 읽으며 저자의 깊은 사유 속으로 함께 침잠한다. 잠자리에 들기 전에는 잠시 멈춰 명상하면서 오늘 일을 반추하고 스스로를 점검해본다.

누군가는 이러한 행동을 '아날로그의 반격'이라고 할지도 모르겠다. 그러나 오래 묵은 낭만이자 한때는 첨단이었던 나의 커피 그라인더가 그러하듯이 아날로그와 디지털은 서로 대립하는 개

넘이 아니다. 우리는 디지털이 채워주지 못하는 가치들을 아날로그에서 찾을 수 있고, 아날로그적인 방식이 주지 못하는 효율과 속도를 디지털에서 얻을 수 있다. 디지털적인 가치를 더 깊게 이해하기 위해서는 아날로그적인 내공부터 쌓아야 하고, 아날로그적인 감성을 보다 편리하게 이용하기 위해서는 디지털의 힘이 뒷받침되어야 한다. 아날로그가 없다면 디지털도 없듯이 디지털이 없다면 아날로그도 없다. 그래서 아날로그와 디지털은 서로 대립되는 개념이 아니라 상호 보완되는 개념이다. 요즘과 같이 변화를 앞두고 뒤숭숭한 세상에서야말로 이 둘의 조화가 중요하다.

직장 생활에서 디지털 디톡스와 관련된 중요한 팁을 하나 소개하겠다. 직장 상사가 제안하는 디지털 디톡스는 함께 일하는 후배와 부하들에게도 굉장히 뜻 깊은 시간이 된다. 따뜻한 차 한 잔이 곁들여진다면 보다 훈훈하게 이뤄질 것이다. 말하자면 디지털 디톡스의 공동 실행이다. 디지털 기기가 잠시 멈춰지는 그 순간만큼은 이메일이나 메신저 등을 통해 내려지는 모든 디지털 지시들에서 해방될 수 있다. 디지털적인 모든 것이 일시 소거된 그 순간, 그 장소에서 참여 구성원간의 아날로그적인 유대감은 회복되고 또 강화될 것이다.

— 살아남은 어떤 것은 결코 변하지 않는다

11. _____ 10년 후에는 알파고 판사가 법정에 들어서게 될까?

스포츠 경기에서 심판은 규칙을 바탕으로 게임을 원활하고 공정하게 진행시키는 역할이자, 문제 상황에서 시비를 가리는 판정을 내리는 존재다. 그만큼 중요한 역할이지만 심판의 판단과 결정 하나에 경기가 순식간에 뒤집히는 경우가 비일비재하므로 아무리 명심판으로 칭송받는 이에게도 운명처럼 오심과 편파판정에 대한 시비가 따라다닌다.

스포츠 경기를 관람하는 이들치고 내가 응원하는 팀에게만 유독 스트라이크존이 좁게 설정된 것 같다고 의심하거나, 특정 심판이 특정 팀의 몸싸움에 너그러운 것 같다는 불만을 가져보지 않은 이는 거의 없을 것이다. 만약 실제로 오심이 있었다면 심판은 경기장에서 그 누구보다 큰 죄인이자 악당으로 전락한다. 이때 심판도 우리와 같은 인간이기에 실수가 있을 수밖에 없다는 이야기는 분노한 스포츠팬들과 흥분한 선수들에게 조금도 설득력 있게 받아들여지지 않는다. 심판은 인간이지만 절대로 실수를 해서는 안 되는 존재다.

그런데 만약 진짜 인간이 아닌 존재가 심판을 대신한다면 어떨까. SF에서나 나올 법한 상상이 아니라 이미 많은 스포츠 종목에서 첨단 기계가 심판의 역할을 일부나마 대신하고 있다. 축구와 배구, 테니스에서는 라인 판정을 비디오 분석으로 결정한다. 선 어딘가에 애매하게 걸친 공의 방향을 놓고 더 이상 양 팀의 감독들끼리 서로를 향해 삿대질을 할 필요가 없어진 것이다.

이세돌 9단과 알파고 간의 대결에서 확인했듯이 인간은 기계가 가진 정밀성과 속도를 쫓아가지 못한다. 기술적으로는 이미 오래전에 인간이 한꺼번에 보지 못하는 다양한 각도에서 인간의 감각보다 세밀하고 빠르게 경기 상황을 파악하고 정확한 판단을 내릴 수 있는 심판 기계가 등장할 여건이 갖춰졌다. 2013년 옥스퍼드대의 보고서에 따르면 인공지능의 발달로 직장을 잃을 위험이 가장 높은 직업군 2위로 스포츠 심판이 꼽히기도 했다. 다만 몇 가지 심리적 저항 때문에 오심과 편파 판정이 인간보다 훨씬 덜할 로봇 심판을 전면적으로 도입하지 못할 뿐이다.

인간 판사 대 인공지능 판사

그렇다면 옥스퍼드대 보고서에서 전망하는 인공지능에게 일자리를 빼앗길 가능성이 가장 높은 직업군 1위는 무엇일까? 바로 내가 지금 몸담고 있는 판사나 검사, 변호사 등의 법조계열이다. 마이클 오스본Michael Osborne 옥스퍼드대 교수는 보고서 〈고용의 미래The Future Of Employment: How Susceptible Are Jobs To Computerisation?〉에서 "판사 직업군이 사라질 가능성은 40퍼센트 정도 된다"고 전망했다. 논리와 수식을 바탕으로 하는 직업이라고 하지만 기계와 비교 당하다니, 오랜 시간 인내하며 법을 공부했던 이들은 그간의 노력이 부정당하고 평가절하당한 것 같은 모멸감을 느낄지도 모르겠다.

그러나 한국야구위원회가 2015년 내놓은 통계를 보면 정신이 번쩍 들 것이다. 한국 프로야구는 2014년부터 비디오 판독을 통한 심판 합의판정 제도를 마련했다. 제도 도입 이후 약 2년 간 한국 프로야구 합의판정 시도는 423회였고, 그 가운데 39퍼센트의 판정이 비디오 판독을 통해 번복됐다. 우리나라 심판들의 번복 비율은 매우 준수한 편이다. 미국 프로야구에서는 비디오 판독 대상의 49.29퍼센트나 오심으로 밝혀졌다.

자연스럽게 생각은 다음과 같이 흘러간다. 어렸을 때부터 공을 쥔 이래 평생을 야구에 바친 전문가 중의 전문가인 프로야구 심판들조차 시비가 오가는 애매한 상황에서 오심이 적지 않았는데, 법조인들이라고 해서 예외라고 할 수 있을까? 근엄한 표정으로 법정에 앉아 있는 저 판사는 항상 올바른 판결만 내린다고 확신할 수 있는 것일까?

스포츠 경기에서 어떤 영역에서는 기계의 힘을 일부 빌리더라도 여전히 인간이 심판의 자리를 지키고 있는 까닭은 앞서 이야기한 심리적인 저항 때문이다. 칼같이 내려지는 판정은 정확할지언정 경기의 흐름을 자주 방해할 수도 있다. 무엇보다 스포츠의 재미 가운데 하나가 의외성임을 짚어보면 마음이 흔들리는 심판과 그의 흔들리는 판정에 의해 요동치는 경기에서 혼돈이 주는 짜릿함을 느낄 수도 있다.

그러나 한 사람의 일상부터 사회의 질서까지 좌우될 수 있는 법정에서 '오심도 경기의 일부'라는 스포츠계의 격언은 무례한 농담밖에는 되지 않는다. 법정에서는 오직 합리적인 해석과 치밀한 논리만이 필요할 뿐이다. 그렇다면 인간은 알파고와 같은 인공지능의 상대가 될 수 없다. 더욱이 기계는 인간이 당장 하지 못하는 분석도 가능하다. 2016년 서울에서 개최된 국제법률 심포지엄에서 로만 얌폴스키Roman Yampolskiy 루이빌대 교수는 이렇게 예견하기도 했다. "법정에 있는 모든 사람 앞에 카메라가 설치되고 거짓말

탐지기가 작동되면 인공지능 판사가 그것을 판결에 참고 자료로 삼을 것이다."

인공지능이 재판에 도입된다면 방대한 분량의 기존 판례를 단시간에 검토하는 것이 가능해지므로 판결에 드는 시간과 인력, 예산이 획기적으로 줄어들 것이다. 판사와 사건 당사자 간의 개인적 친분에 의해 부적절한 판결이 내려질지도 모른다는 세간의 수많은 의혹과 염려는 사라질 것이다. 인간이라면 누구나 키우고 있는 '두 마리의 개'들 또한 판결에 영향을 주지도 못할 것이다. 이미 사람의 목숨을 짊어지고 수많은 돌발 상황이 존재하는 거리를 질주하는 자율주행차량의 실용화가 임박한 만큼, 논리가 적용되는 영역에서 인공지능 판사가 나오지 말라는 법도 없기는 하다.

인간에 대한 판결은 인간의 몫이다

그럼 법정에서 속기사가 서서히 사라져 가듯이 판사와 검사, 나아가 변호사까지 곧 법정에서 사라지게 되는 것일까? 자료 분석 속도와 어떤 상황에서도 흔들리지 않는 객관성에서 인공지능 법조인보다 불리할 수밖에 없는 인간 법조인들은 정녕 도태되고 말 존재인 것일까?

사실 인공지능이 법정에 도입된다고 해서 바로 법조 인구가 대폭적으로 줄어들 것이라는 예상은 법조인의 업무를 너무 좁게 본 것이다. 법조인, 그 가운데에서도 특히 재야 변호사가 할 수 있는 업무는 송무 외에도 많다. 예를 들어 기초생활법률 분야나 예방적 법무시장, 공익활동 등 변호사가 뛰어들 수 있는 분야는 굉장히 다양한 곳으로 열려 있다. 그렇기 때문에 인공지능 체계가 법정에 도입된다고 하면 자료정리 등 일 처리에 소요되던 시간이 줄어들면서 오히려 기존까지 집중했던 송무 외의 일에 더 많은 관심을 기울일 수도 있을 것이다. 게다가 법조인의 진입 문턱이 지속적으로 낮아지고 국민들의 법조 서비스에 대한 수요는 점점 증가하고 있기도 하다. 설령 알파고가 법정으로 진출한다고 해도 법조인의 필요정원은 계속 유지될 것이다.

다만 이런 무서운 질문을 떠올려볼 수는 있을 것이다. 만약 가까운 미래에 거리를 오가는 시민들을 붙잡고 인간 판사와 알파고 판사 가운데 누구를 더 신뢰할 수 있느냐는 질문을 던진다면, 어떤 대답이 돌아올까?

또 한 번 세상이 격변하고 있는 시점에서 법조인이 가져야 하는 태도에 대해 생각해본다. 법이란 우리의 삶과는 무관한 거대한 무엇인 것 같지만, 주변을 둘러보면 인화성이 높은 화제마다 반드시 법이 소환되고 있다. 우리가 피부로 느끼는 일상, 직접적으로 연관되는 문제들에도 예외 없이 법이 도사리고 있다. 지금 여기를 가장 그럴 듯하게 해명할 수 있는 텍스트 가운데 하나는 지금 여기 사회를 성립시킨 근간인 법이다. 법이 성립되기까지에는 역사적 맥락이 있었고, 법의 논리를 둘러싼 치열한 논쟁이 있었으며 무엇보다 인간의 숨과 피가 배어 있다.

단순히 사람의 온기가 있는 정감 있는 법조인이 되자는 권유가 아니다. 법은 현대사회의 복잡한 관계망 사이에서 성립된 최소한의 합의다. 그리고 법정에까지 오는 분쟁들에는 대개 인간과 인간 사이의 복잡한 사연과 깊은 고민들이 숨어 있다. 다만 판결을 내릴 때에는 그 각자의 정의가 얘기하는 절절한 맥락을 휘발시킬 수밖에 없다. 공정함을 위해서는 당연히 그럴 수밖에 없기도 하다.

하지만 인공지능과 같이 냉철하고 합리적인 판결을 내리기 위해 노력을 기울이더라도 그 결정에 영향을 받는 사람들의 사연이 있음을 잊어서는 안 된다. 만약 그것에 대한 긴장을 놓치게 된다면 법은 어느 새 사람 위에 군림하게 된다.

법관은 사지私知로 재판하지 못한다는 유명한 법언이 있다. 하지만 풍부한 경험을 갖춘 전문법관에게서 숙련된 전문가로서의 통찰과 조감鳥瞰이 묻어남은 당연하다. 당사자가 수긍할 수 있는 결론을 내리는 것도 중요하지만, 그 과정도 중요하다. 수긍하는 이유가 법률과 조리일 수도 있지만, 때로는 판결 결과와 상관없이 법관이 보여주는 소통에 대한 진지한 자세에 당사자의 억울함이 눈 녹듯 사라지는 경우도 있다. 법관의 철학은 그래서 중요하다.

막 임용된 판사들을 가리키며 혹자는 스스로 고민하며 공부한 판사와 효율적인 과외로 주입받듯 공부한 판사는 3년만 지나면 차이가 벌어질 것이라고 이야기한다. 나는 여기에 조금 더 이야기를 보태 인간에 대한 이해와 성찰의 깊이에 따라 앞으로의 법관 생활이 바뀔 것이라고 말하고 싶다. 어쩌면 앞으로 법관을 희망하는 이들이 가장 파고들어야 하는 책은 법전이 아니라 인간에 대해 깊이 고민한 고전일지도 모르겠다.

12. _____ 스마트폰 시대에 권하는 차 한 잔

끽다거喫茶去는 참선에 들어가는 승려들이 자주 붙잡고 있는 화두 가운데 하나로, 그 뜻은 '차 한 잔 하시게나' 정도가 될 것이다. 끽다거는 중국 당 시대 선사인 조주趙州의 고사에서 유래한 말이다.

조주선사는 수행자가 찾아오면 이렇게 물었다.

"예 온 적이 있었는가?"
누군가는 "온 적이 있습니다"라고 답했다.
대답을 들은 조주선사는 "차 한 잔 하시게"라고 권했다.
누군가는 "온 적이 없습니다"라고 답했다.
대답을 들은 조주선사는 "차 한 잔 하시게"라고 권했다.
조주선사의 행동을 지켜본 원주가 물었다.

"모든 이에게 똑같이 차 한 잔을 권하시는 까닭은 무엇입니까?"

조주 선사는 이렇게 답했다.

"자네도 차 한 잔 하시게."

높은 경지에 오른 큰 스승의 짧고 깊은 말을 쉽게 이해할 수는 없을 것이다. 다만 조주선사를 찾은 이들이 얼마나 펄펄 끓는 질문들과 무거운 짐을 품고 있기에 먼 길을 감수했을지 헤아려본다. 수행자가 아닌 우리는 정확한 의미를 모르지만 조주선사가 왜 모두에게 하나같이 차를 권했는지, 수행자들이 무겁고 무거운 질문을 내려놓고 대신 받았던 한 잔의 차는 어떤 맛일지 미루어 짐작할 수는 있다.

우리는 저마다의 간절함을 품은 채 살고 있다. 그 절절하게 끓어오르는 간절함을 내려놓지 못하기 때문에 우리는 지금도 스스로를 지옥으로 끌어내리게 된다. 그러나 시비를 가리고자 하는 분별과 각자의 소중한 명분을 내려놓고 평안을 찾자는 권유를 쉽게 건넬 수는 없다. 우리는 그렇게 집착을 버리고 관계를 내려놓은 이들을 해탈했다고 한다.

끽다거를 보면 자연스럽게 '일상다반사日常茶飯事'를 함께 떠올리게 된다. 끽다거와 마찬가지로 불교 선종에서 유래된 말로 차를 마시고 밥을 먹는 것과 같이 지극히 여상한 일을 가리킨다. 언젠가부터 차를 마시는 일이 조금은 고상한 취미처럼 되었지만 추운 겨울날 자판기 커피 한 잔을 건네며 서로의 몸을 녹이기 위해, 누군가를 처음 만나며 어색한 분위기를 녹이기 위해 우리는 차를 권하곤 한다. 굳은 결심을 어렵게 밝히기 전에 차를 한 모금 마시며 호흡을 가다듬는가 하면 입속에서 맴돌기만 하다가 끝내 못다 한 이야기를 차 한 잔에 흘려보내기도 한다.

감당하기 어려울 정도의 질문을 품고 있다는 것은 일상이 다반사가 아니게 되었음을 의미한다. 어쩌면 일상이 무너졌기 때문에 큰 고민을 품게 되었을 수도 있다. 한 잔의 차와, 차를 마시는 시간이란 이러한 당신과 나의 일상이 겹쳐지는 지극히 평범한 순간이며 동시에 서로의 지옥이 잠시나마 식는 비범한 순간이다. 찾아온 모두에게 차를 권한 조주선사는 일상이 멈춰질 정도로 절절한 저마다의 지옥을 받아 누구에게나 여상한 일상으로의 초대로 답한 것이 아닐까.

그래서 서로의 인연이 맴도는 이 차 한 잔의 시간에는 한 가지가 전제되어야 한다. 당신과 내가 직접 차를 사이에 놓고 얼굴을 마주해야 한다는 것이다.

어려울 때 건넨 차 한 잔

시간이 흘러도 재판은 익숙해지지 않는다. 법정에 들어서는 누구라도 그럴 것이다. 나는 재판업무를 진행하며 스트레스를 받을 때마다 따스한 작설차 한 잔으로 마음을 달래곤 한다. 판사실에서 재판을 진행할 때에는 종종 재판 당사자들과 대리인들에게 잠시나마 서로의 번민을 내려놓을 수 있도록 한 잔의 차와 차를 마실 수 있는 순간을 권하기도 한다.

차를 받아 든 당사자는 숨을 고르게 된다. 그리고 한 잔의 침묵을 통해 단단하게 빗장을 닫아 걸은 스스로의 마음도 들여다본다. 나 또한 차를 나누는 여유를 통해 함께 판사실에 있는 모든 이들에게 다반사와 같은 일상을 유도하며 무장해제를 은근하게 권한다. 분위기가 무르익으면 적절한 조정안을 제시해 대법원까지 갈 수도 있었던 어려운 송사를 쉽게 끝내기도 한다. 지금, 이 순간 함께 마신 차 한 잔의 소통으로 그렇게 여러 건의 송사를 합의로 마무리했다.

차를 권유했던 기억들 가운데에서 2006년 어느 날을 떠올린다. 일본의 유명한 농약회사와 한국 기업 간에 벌어진 제초제 특허침해로 인한 손해배상 청구 사건의 재판이 수년째 계속되던 때였다. 당시 재판장이었던 나는 양측 회사 관계자 모두와 대리인을 판사실로 초청했다.

사람들이 판사실에 모이자 어색한 침묵이 흘렀다. 나는 그 무게가 더 버겁게 느껴지지 않도록 입을 뗐다. 그리고 한국과 일본의 차와 찻잔의 역사를 간단히 설명하면서 하동녹차를 한 사람 한 사람에게 권했다.

일본 농약회사 중역들이 차를 아는 법관의 판단을 존중하고 싶다면서 재판부의 중재안이 있는지 물어왔다. 나는 미리 준비했던 양쪽의 이해를 잘 조정한 서너 쪽의 문안을 건넸다. 잠시 침묵이 흘렀다. 어느덧 차는 식었지만 그만큼 오랜 시간을 끌었던 절절한 이야기들도 잠시 식었을 것이리라 기대했다. 어쩌면 여기 마주한 모두가 오랜 재판에 지쳐 차 한 잔을 마실 수 있는 타협과 휴식이 필요했을지도 모르겠다.

한참을 심사숙고한 쌍방 대리인과 회사 관계자들은 제시한 조정안에 동의했다. 일본의 농약회사 측에서는 바로 국제전화를 통해 회사 대표의 승인까지 받았다. 자칫하면 이미 오랜 시간을 잡아먹었으면서도 2심, 3심까지 진행될 수 있었던 국제 특허분쟁이었다. 그럼에도 차 한 잔을 사이에 두고 이야기를 하게 되니까 각자의 복잡한 이야기를 찻잔 속에 묻고 서로 조금씩 양보할 수 있었던 것이다.

마주보고도 외로운 사람들에게 권하는 차 한 잔

세상의 모든 일에는 그 나름대로 인연과 곡절이 있다. 우연처럼 보이는 사건도, 사소한 범사도 결코 인과의 고리를 벗어나지는 못한다. 이런 것을 생각하면 인연을 쉽게 맺어서는 안 될 것 같다는 두려움이 드는 한편으로, 누군가와 이야기를 나눌 때에는 반드시 차 한 잔의 시간만큼이라도 틈을 마련해 얼굴을 마주해야 할 것 같다는 생각도 든다.

기술의 발전으로 우리는 일방적으로 메시지를 받기만 하던 매스미디어 세상을 지나 가상의 공간에서 서로 소통하는 사회연결망 세상Social Network World을 경험하게 되었다. 지금 여기에 대한 정의 가운데 하나는 인터넷을 통해 세계 어디든지 쉽게 연결되어 실시간으로 이야기를 주고받는 초연결사회일 것이다.

누구에게나 쉽게 연결될 수 있는 사회가 되면서 우리는 인터넷으로 뜻과 배짱이 맞는 사람들끼리만 마주하는 폐쇄적인 인연만 맺거나 또는 아주 가볍게 흘려보내는 무수한 만남들을 가지게 되기도 쉬워졌다. 관계는 가벼워졌고 익명성으로 인해 서로에게 치명적인 상처를 주고받기 쉬워졌으며 도의적인 책임감도 실종되었다. 이로 인해 인터넷상에서는 서로에게 듣고 싶은 말만 나누는 폐쇄적인 모임이 늘어나고 있다. 서로를 연결해주는 인터넷의 기

131

능은 오히려 인간을 고립시키고 소통의 부재를 만들었다. 디지털의 발전은 우리에게 차 한 잔의 여유를 가져다주었지만, 그 차는 혼자 마실 수밖에 없게 되었다.

언젠가 카페에 들러 주문한 차 한 잔을 탁자에 놓은 채 주변을 둘러보았다. 카페에 모인 많은 이들이 마주한 상대방을 바라보지 않고 고개를 숙여 스마트폰을 내려다보고 있었다. 이런 엉뚱한 상상이 들었다. 혹시 저들은 카페에서 마주보고 앉아 말 대신 메신저 앱으로 각자의 대화를 나누고 있는 것은 아닐까?

문득 대여섯 명이 모인 회식 테이블을 떠올린다. 한 사람이 말을 하는 동안 다른 사람들은 듣는 시늉을 한다. 테이블 아래에서는 부지런히 단체 채팅 앱으로 또 하나의 대화가 이루어지고 있다. 같은 사람들이 같은 공간에서 동시에 아날로그 대화와 디지털 채팅으로 서로 다른 대화를 나누고 있는 셈이다.

어떤 상황에서는 기기를 통한 소통이 서로를 이해하고 문제를 해결하는 데 더 효과적일 수 있다. 바로 앞에 나오는 '대화의 중첩적 동시진행' 사례는 그리 희귀한 것도 아니다. 이제 대화라는 용어의 정의가 달라져야 하는지도 모른다.

그럼에도 오직 차 한 잔을 사이에 두고 적어도 차 한 잔을 마실 만큼의 시간을 서로에게 할애하며 나눠야 풀리는 인연도 있다. 상대방의 처지를 헤아리며 한 모금의 차와 함께 하고 싶은 말을 삼키는 경험 없이, 차 한 잔이 다 식도록 상대방의 사연을 들어보는 경험 없이 SNS를 통해 소통했던 사람들은 장차 어떤 세상을 만들까.

살아남은 어떤 것은 결코 변하지 않는다

5장

변하지 않고
반복되는 실수

13. _____ 온라인과 오프라인은 다르지 않다

2000년대 중반 무렵 인터넷 쇼핑몰 창업 붐이 일어났다. 소자본으로 누구나 쉽게 준비할 수 있었기 때문에 특히 자본이 빈약한 대신 열정이 넘치는 젊은 층에서 많이 뛰어들었다. 마침 '1인 기업'이라는 용어가 유행하던 시점이기도 했다. 그들 가운데 누군가는 성공한 사업가가 되어 텔레비전 방송에도 출연하며 유명세를 누렸지만, 대부분은 적지 않은 실패를 맛보고 인터넷 쇼핑몰을 접어야 했다.

물론 창업자의 대부분은 실패하기 마련이다. 그러나 나는 인터넷 쇼핑몰 창업을 준비하는 사람들을 지켜보며 한 가지 의아한 점을 느꼈다. 인터넷 쇼핑몰은 인터넷이라는 공간에서 상품을 판매하는 가게다. 다시 말하자면 인터넷 쇼핑몰이라는 단어에서 핵심은 가상공간이 아닌 상점에 있다. 그런데 인터넷 쇼핑몰 창업을 준비할 때 반드시 배워야 하는 지식으로 상점 운영보다는 HTML 과 같은 쉽지 않은 웹사이트 마크업 언어가 많이 꼽혔다.

온라인이라는 공간이 가지고 있는 특수성은 분명히 있을 것이 다. 그러나 공간이 어디든 물건을 파는 일이라면 그 본질은 결국 상업이다. 그럼에도 인터넷 쇼핑몰을 준비하는 이들도, 이들의 준 비를 도와주는 이들도 모두 인터넷 쇼핑몰을 우리 세상과 동떨어 진 공간에서 벌이는 특수한 업으로 분리해서 생각하는 것 같다는 느낌이 들었다. '누리꾼'이라는 용어가 나와 언론 등에서 종종 쓰 이던 때였다.

네티즌은 없다

네티즌은 네트워크network와 시티즌citizen이라는 용어를 합친 조어로 인터넷이라는 공간에서 활동하고 있는 시민이라는 뜻을 가진다. 언제부터 쓰였는지는 확인할 수 없지만 1990년대 PC통신 이용자 들을 가리키는 말로 쓰인 것으로 봐선 제법 짧지 않은 역사를 지 닌 것으로 추정된다.

네티즌이라는 용어는 1999년 ADSL과 같은 초고속 인터넷선

이 보급되고 스타크래프트 게임이 인기를 끌면서 함께 유행했다. 이에 대한 비판으로 2000년대 중반 네티즌을 우리말로 바꾼 '누리꾼'이라는 용어가 등장해 한동안 쓰이기도 했다.

오늘날 누리꾼이란 용어는 사라지고 있지만 네티즌은 여전히 자주 사용되고 있다. 바로 뉴스에서다. 주로 어떤 소식을 전할 때 '네티즌의 반응'이라고 하면서 관련 뉴스가 먼저 보도된 인터넷 포털사이트 뉴스 란의 댓글들을 함께 소개하는 형식에서 많이 찾을 수 있다. 시민들에게 찾아가 인터뷰를 시도한 결과와 비슷한 효과를 기대하는 것 같지만, 나는 뉴스에서 '네티즌의 반응에 따르면'이라고 시작하는 문장을 볼 때마다 십여 년 전 인터넷 쇼핑몰 붐을 마주했을 때와 비슷한 의아함을 느낀다.

첫 번째로, 누구나 쉽게 인정하는 것이지만 인터넷 뉴스의 댓글 란은 대체적으로 자극적이다. 익명성을 방패로 삼아 누가 더 눈길을 쉽게 끄는 자극적인 언사를 쏟아내는지 내기를 하는 것 같다. 그런 상당수의 댓글들을 무시한 채 몇몇 정제된 댓글들을 사건을 바라보는 이들의 생각이라고 간추린다면, 이미 해당 인터넷 뉴스에 달린 수많은 실제 '네티즌의 반응'이라는 것과는 동떨어지게 된다.

두 번째로, 시민들의 생생한 의견을 추가해 뉴스의 생동감을

____ 살아남은 어떤 것은 결코 변하지 않는다

더하고 싶은 의도에서 댓글들을 선별한 것이라면, 그 결과는 '네티즌의 반응'이 아니다. 그저 인터넷이라는 공간에다가 의견을 게재한 시민들의 일부 반응일 뿐이다.

우리에게는 언젠가부터 온라인과 오프라인을 구별하고 네티즌과 일반 시민들을 별개의 존재처럼 생각하는 경향이 생겼다. 그러나 여러 커뮤니티에서 이른바 악플을 달고 사이버 불링^{Cyber} bullying(온라인 안에서 벌어지는 조리돌림)을 자행하는 네티즌은 인터넷이라는 별세계에서 살고 있는 사이버 인간이 아니다. 인터넷을 이용하고 있는 현실세계의 시민일 뿐이다.

온라인은 현실의 일부일 뿐이다

온라인 문화가 가진 특수성은 분명히 존재한다. 온라인이 주는 익명성은 내부고발자들을 비롯해 약자나 소수자로서 정의를 구현하고자 하는 시민들이 용기를 내는 데 큰 도움이 되기도 했다. 평소 지인들에게는 꺼내기 힘들었던 고민을 털어놓거나 반대로 솔직한 의견을 들을 때에도 유용하다. 온라인은 성당의 고해성사실처럼 어느 정도 일상과 거리를 둔 공간이다.

그럼에도 온라인은 오프라인과 따로 떨어진 공간이 아니다. 우리는 신부님과 단 둘이 성스럽고 격리된 공간에 들어간 것이 아니다. 보다 편리하게 상품을 구입하고자 하는 이들은 인터넷 쇼핑몰에 접속해 조그마한 그림 이미지를 확인하고 상품을 장바구니 리스트에 담는다. 그리고 오프라인이라고 불리는 일상에서 얼마 전 가상공간에서 구입한 상품을 택배로 받아 사용한다. 우리는 종종 이러한 사실을 망각한다.

온라인으로 불리는 가상의 소통 공간을 예외로 취급하는 인식이 이대로 굳어진다면, 온라인은 진정한 의미에서 우리 일상과 분리될 것이다. 나아가 인터넷을 이용하는 우리 각각은 일상의 시민과 네티즌으로 불리는 사이버 시민이라는 두 개의 독립된 인격으로 분열된 이중인격자가 될 것이다.

'네티즌'이라는 용어에는 지금 여기에서 살아 숨 쉬는 한 인격을 뭉뚱그려 일상과 떨어뜨리고자 하는 뉘앙스를 품고 있다. '네티즌의 반응'이라는 용어에는 뉴스의 사실성을 오히려 희석시키는 효과가 있다. 그리고 이러한 뉘앙스가 은연중에 우리 머릿속에 자리 잡게 되면서 인터넷 공간은 어차피 현실세계가 아니니까 아무렇게나 행동해도 된다는 해석이 생겨난다. 그러한 인터넷에서의 행태에 우리는 눈살을 찌푸리면서도 인터넷 공간에서 벌어지는 예외적인 일이라고 치부하면서 못 본 척 덮고 넘어가곤 한다.

그러나 온라인에서의 조리돌림으로 상처를 받아 때로는 극단적인 선택을 하는 피해자들이 있다. 온라인에서의 괴소문으로 회복하기 힘들 정도의 피해를 입은 기업과 개인들이 있다. 가장 나쁜 것은 소식을 전하는 이의 의중이 존재감이 희미한 '익명의 누군가'라는 이름으로 삽입되는 것이다. 하지만 피해자를 벼랑으로 내몬 이들은 언제나 실체 없는 네티즌으로 불리는 현실의 사람들이었다.

인터넷 등지에서 자주 오르는 명언이 있다. 알렉스 퍼거슨 맨체스터 유나이티드 전 감독이 했다는 '트위터는 인생의 낭비'라는 말이다. 보다 정확하게 그의 말을 옮기자면 다음과 같다. "선수들은 트위터에 올린 말들에 책임을 져야 한다 … 진지하게 말하자면 (트위터와 같은) 그것은 시간 낭비다I think they are responsible for their actions, what they said on Twitter … Seriously, It is a waste of time."

그러나 트위터를 사용하는 자체가 인생을 낭비하는 행동은 아니다. 온라인상에서 벌어지는 갈등은 사람들이 온라인을 사용했다는 자체에서 비롯되지 않는다. 문제의 상당수는 자신이 글을 올리는 온라인이라는 공간을 현실의 일부라고 생각하지 않고 함부로 말하는 데에서 발생하기 때문이다. 온라인과 오프라인은 다르지 않다.

　　　　　　　　　　　　　　　　　　　— 인생의 밀도

14. _____ 유유상종.

나와 당신은 같다

'옷깃만 스쳐도 인연'이라고 한다. 옷깃은 저고리나 두루마기의 목에 둘러대 앞에서 여밀 수 있도록 된 부분이다. 이 부분이 서로 스칠 정도면 안아야 할 만큼 가까워야 할 테니 말 그대로 보통 사이일 수는 없다. 다만 여기에서는 우리가 일반적으로 쓰듯이 사소한 만남이라도 깊은 인과가 있었다는 인연의 소중함을 이르는 의미로 되새김질을 하고자 한다.

옷깃만 스쳐도 인연이라는 말처럼 누군가를 만난다는 것은 기적과 같은 사건이다. 타인과 1초간 눈빛이라도 교환할 확률을 수학적으로 계산해보면 138억 년에 365일을 곱하고 다시 24시간을 곱한 다음 여기서 다시 60분을 곱하고 60초를 곱한 다음 75억 인구를 또 곱하고 마지막으로 1조 우주에서 지구형 행성 추정치의

— 살아남은 어떤 것은 결코 변하지 않는다

최소값을 곱한 수치로 1을 나누어야 한다. 사실상 0이라고 해도 될 만큼 굉장히 희박한 숫자다.

그러나 우리는 이렇게 기적과 같은 만남을 가볍게 해치울 수 있게 되었다. 바로 인터넷을 통해서다. 인터넷에서 우리는 얼굴도 모르는 이들과도 쉽게 얼굴을 붉히며 격론을 벌이는가 하면, 만나기 위해서는 큰 결심이 필요할 정도로 먼 곳에 떨어진 이들과 실시간으로 대화를 나누며 위로를 받을 수도 있다. 사람들이 많이 오가는 인터넷 커뮤니티는 그 자체로 온갖 무리들이 와글거리는 큰 시장과 같아졌다. 세계는 좁아졌다.

이처럼 초고속 인터넷 망에서 이뤄지는 교류를 단 하나의 사자성어로 함축하자면 유유상종類類相從이 아닐까 한다. 원래는 비슷한 결을 가진 부류들이 서로 왕래하며 사귄다는 뜻이지만 근래에는 '끼리끼리 어울린다'는 약간 부정적인 뉘앙스로 바뀐 것 같다.

나는 가상공간에서의 만남이 가지는 모든 특성을 아우르는 두 가지 뜻으로 유유상종을 환기하고자 한다. 하나는 사람이란 결국 비슷한 부류들끼리 어울릴 수밖에 없다는 것이고, 다른 하나는 직접 만나지 않기 때문에 더욱 남이 나와 같다는 생각으로 인터넷에서 만난 인연을 살피고, 서로가 서로에게 동등한 존재가 되어야 한다는 것이다.

좁은 공간은 열려야 한다

"네트는 광대해." 근미래를 상상한 유명한 일본 애니메이션 〈공각 기동대〉에 나오는 대사다. 그러나 2020년대를 맞이하는 지금 인터넷 풍경을 살펴보면 인터넷에서만 생활할 수 있는 존재가 아닌 이상 저 말에 공감하는 이들은 많지 않을 듯하다.

미디어는 생산자가 소비자에게 일방적으로 정보를 밀어내는 '푸시Push형' 커뮤니케이션이다. 이에 반해 인터넷은 필요한 정보를 이용자가 제공자에게 직접 끌어서 잡아야 하는 '풀Pull형' 커뮤니케이션이다. 인터넷에서 어떤 정보와 접촉할 수 있는 까닭은 시간 때우기로 배회했든 의도를 가지고 추적을 했든 어디까지나 그 정보가 작성되어 전시된 공간을 찾아냈기 때문이다. 그래서 극소수의 대형 포털 사이트의 메인 페이지를 제외하면 인터넷에서 어떤 정보를 노출시킨다고 해도 불특정 다수가 그 정보를 받아들인다고 보장할 수 없다.

정보를 직접 찾아간다는 점에서 인터넷 이용자들은 자신이 관심 있는 분야와 사람들, 자신의 생각과 비슷한 의견들에만 노출되기 쉽다. 보고 싶은 것만 보고, 만나고 싶은 사람들과만 어울리게 되기 때문이다. 이용자의 관심사를 분석해 그에 맞는 광고를 노출시키는 구글의 '관심기반 광고'는 이와 같은 인터넷의 특성을 효과적으로 이용한 시스템이다. 인터넷은 광대하지만 우리에게는 결코 광대하지 않다.

미국의 법학자 캐스 선스타인Cass Sunstein은 인터넷의 발달이 민주주의를 위험하게 만들 수 있다고 경고했다. 민주주의의 가치는 다수결에 의한 결정에 있는 것이 아니라 어떤 문제 상황에서 합의를 이끌어내는 과정 자체에 있다. 그러나 인터넷 커뮤니티에서 비슷한 사람들끼리 어울려 듣고 싶은 정보만 공유하게 되면 곧 그곳은 폐쇄적인 공간이 된다.

인터넷은 많은 이들을 공간을 초월해 연결시킬 수 있고 다양한 정보와 의견을 제공하며 항상 새로운 이슈들을 빠르게 소개하는 역할을 한다. 그러나 폭포처럼 쏟아지는 정보 속에서 원하는 바를 찾아내는 것은 쉽지 않다. 그렇기 때문에 우리는 중대한 사안에 대해 정보를 직접 찾아 검증하기보다는 신뢰할 수 있는 타인의 의견을 참고해 결정을 내리고, 그 결정은 다시 연쇄적으로 파급된다. 이러한 캐스케이드cascade 현상과 인터넷의 폐쇄성과 협소성이 더해지면 특정 방향으로 쉽게 여론이 쏠리고 악의적인 선동이 빠르게 여론을 잠식하는 반민주적인 상황이 벌어지게 된다.

가장 나쁜 상황은 무리를 유지하기 위해 끊임없이 희생양을 만드는 것이다. 제한된 환경에 놓인 인간은 자신이 갇힌 곳의 밖을

── 인생의 밀도

상상하게 된다. 상상은 두려움을 부른다. 편협한 두려움을 해소하고자 할 때 취하는 가장 효율적인 행동은 문제를 단순화시키는 것이다. 그리고 인류 역사에서 문제 상황에 봉착한 집단이 찾은 가장 단순한 해결책은 희생양을 찾아 문제를 뒤집어씌우는 것이었다.

'끼리끼리 어울리게 되는' 인터넷 환경에서 우리가 취해야 하는 태도는 매우 단순하다. 닫힌 공간을 개방하는 것이다. 우리네 풍습을 보면 혈연뿐만 아니라 지리적으로도 거리가 가까우면 서로 통혼을 하지 않았다. 우리 선조들은 생물학적 용어를 써가며 자세히 근거를 밝히지는 못했더라도, 가문이 건강하게 발전하기 위해서는 다양한 사람들이 섞여야 한다는 것을 오랜 세월이 녹아 있는 경험으로 알고 있었다.

중장년층 이상의 사람들에게 인터넷은 여전히 익숙하지 않은 공간이다. 툴을 다루는 기술은 어지간한 젊은이들보다 낫더라도 인터넷에서의 상식과 인맥에서는 상대적으로 어두운 사람들이 많다. 그렇기 때문에 서로 의지하는 경향이 강하고, 특정 의견에 휘둘리기도 쉬워지고 때때로 무례한 사람으로 비치기도 한다. 만약 스스로가 인터넷에서 괜찮은 사람이라는 생각이 든다면, 오히려 자신이 듣고 싶은 소리만 듣고 해주고 싶은 말만 하며 결이 비슷한 친구들을 간신배로 만드는 것은 아닌지 돌아볼 필요가 있다.

친구는 구걸해서 얻는 것이 아니다

경제학자 그레고리 맨큐Gregory Mankiw는 페이스북에서 친구 수 5,000명을 채운 다음 페이스북에서 떠났다. 그리고 그는 이렇게 말했다. "저와 친구가 되고 싶다면 하버드 스퀘어로 찾아와 저를 직접 만나십시오."

공인들 가운데 대표적인 선출권력에 속하는 국회의원과 지방의회 의원들은 한 표가 아쉬운 입장이기 때문에 인터넷에서도 가급적 많은 관계망을 가지려 한다. 그래서 500명 한도의 카카오스토리나 5,000명 한도의 페이스북 친구 수 한계를 넘고자 카카오스토리 페이지나 페이스북 페이지 계정을 열어 관계망을 무한하게 확장하기도 한다.

사람의 아날로그 관계망은 150명이 적정한도라고 한다. 이른바 던바Dunbar의 법칙이다. 전화기에 저장된 연락처 가운데 일 년 동안 단 한 번 이상이라도 통화를 주고받은 사람들을 꼽아보면 쉽게 짐작이 갈 것이다. 아무리 사교성이 남다른 사람이라고 해도 그 수를 넘는 모두와 진정성 있게 관계 맺기는 결코 쉽지 않을 것이다.

그런데 인터넷에서는 조금만 노력해도 천 명, 만 명의 친구들이 생긴다. 이러한 인터넷에서의 인연 또한 삶에서 의의를 가진다. 다만 인터넷에서조차 우리가 진정성을 가지고 교류한다고 할 수 있는 범위는 인터넷 밖의 사정과 크게 다르지 않을 것이다. 그렇다면 인터넷에서 유유상종을 할 수 있는 사이를 제외한 수천, 수만과의 관계는 무엇으로 정의해야 할까?

나는 공직에 몸을 담은 처지로서 인터넷 친구관계에 대해 매우 조심스러울 수밖에 없다. 평소 시민과 소통을 강조하니 되도록 많은 친구를 맺어야 함이 마땅할 것 같지만, 무작정 관계를 넓히는 것이 누군가와 친해지는 데 방해가 되는 순간도 많았기 때문이다. 또한 친구를 청하는 이들 가운데에서는 의도를 가지고 접근하는 경우도 있었고, 여상한 안부인사가 엉뚱한 오해로 번지는 사고를 겪기도 했다. 사건 당사자가 청해오는 친구 요청에 무조건 응할 수 없다는 사정도 있다. 무엇보다 그 많은 관계를 모두 밀도 있게 유지할 자신도 없었고, 나머지 상대적으로 소외될 수밖에 없는 관계들에게 실례가 되지는 않을까 걱정도 들었다.

비슷한 이들끼리 어울린다는 유유상종이 성립되기 위해서는 한 가지 전제가 필요하다. 서로 비슷한 처지여야 한다는 것이다. 비슷한 처지란 취향이나 지향을 공유하는 사이라는 의미를 넘어 같은 눈높이에서 서로를 바라볼 수 있는 동등한 사이라는 뜻을 가진다. 그리고 같은 눈 높이라 함은 경제적 사회적으로 서로 비슷

　　　　　　　 — 살아남은 어떤 것은 결코 변하지 않는다

한 위치라는 뜻이 아니라 서로에게 당당한 사이, 서로를 고취시키고 격려할 수 있는 사이를 가리킨다.

인간관계의 이치는 결국 등가교환이다. 무엇인가를 받고 싶으면 먼저 베풀 줄 알아야 하고, 무엇인가를 건넸으면 언젠가 그만큼 받기를 원하는 것이 인지상정이다. 이 주고받음이 비슷하지 않고 타인의 손해를 당연하다고 여기는 생각을 우리는 구걸이라고 한다. 그리고 스스로가 감당할 수 없는 범위로 확장된 관계는 대개 자신이든 타인이든 적어도 어느 한쪽이 불공평하다고 느끼기 마련이다. 서로를 구걸하는 사이라고 여기는 것이다.

당신과 같은 속도로 함께 걷고 싶다

평등한 관계라는 발상은 순진하게 느껴지기도 한다. 모든 관계는 어느 한쪽이 의식적이든 무의식적이든 손해를 감수하는 데에서 성립한다. 나 또한 누구에게나 쉽게 말을 붙일 수 있는 인터넷의 특성을 활용해 '고수를 찾아가 만나라'라고 자주 권하지만, 수업료라도 내지 않는 이상 고수에게 있어 하수와의 만남은 일종의 봉사가 될 뿐이다.

그럼에도 고수를 만나라고 권하는 까닭은 수업료를 다른 형태로 돌려줄 수 있기 때문이다. 바로 고수와 '유유상종'할 수 있도록 한 뼘이라도 성장하는 것이다. 유명한 경제학이론인 리카도^{David} ^{Ricardo}의 비교우위론은 나라와 나라 간 교역이 아니라 인간과 인간 간의 가르침과 베풂에 있어서도 유용하게 은유될 수 있다.

나아가 지금 누군가에게 가르침을 받은 만큼 훗날 가르침을 찾는 누군가에게 베풀어야 한다. 이때 인터넷에서 맺어지는 관계가 가진 특성인 유유상종은 '끼리끼리'라는 패거리문화를 넘어 어떤 도반정신으로 승화된다. 우리는 유유상종해야 한다.

___ 살아남은 어떤 것은 결코 변하지 않는다

15. _____ 소를 잃었어도 외양간은 고쳐야 한다

"한국이 전 세계에 선물한 공공재가 하나 있습니다. 바로 한국인들의 주민등록번호입니다."

나는 보안을 이유로 클라우드 서비스나 모바일 메신저 등 유용한 도구의 사용을 꺼리는 분들께 이용을 권하며 이런 농담을 건넨다. 실제로 상당수가 막혔다고 해도 여전히 약간의 수고만 기울이면 구글과 같은 검색사이트에서 외국인들이 정리해놓은 한국인들의 주민등록번호 목록을 쉽게 수집할 수 있다.

세계에서 가장 강력한 개인정보보호법이라는 규제 법률을 가진 국가가 바로 한국이라는 사실은 여러 가지를 시사한다. 한국에서 주민등록번호는 일종의 골든키 역할을 하는 인식번호다. 다시 말해 주민등록번호만 알아도 개인의 은밀한 정보에 접근하기가 상대적으로 쉬워진다. 그래서 한국은 개인정보에 굉장히 민감한 곳이지만, 동시에 개인정보와 관련된 IT 범죄가 가장 빈번하게 벌어지는 곳이기도 하다.

2000년대부터 인터넷상에서 벌어진 개인정보 유출 범죄들 가운데 굵직한 것들을 꼽아본다. 2008년 하나로텔레콤은 600만 명의 개인정보를 텔레마케팅 회사에 고객 동의를 받지 않고 제공했다. 같은 해 옥션에서는 1,000만 건이 넘는 개인정보가 유출되었다. 2010년에는 해커들이 20여 개 업체에서 2,000만 건에 이르는 개인정보를 빼돌려 중국의 해커에게 팔아넘겼다. 2011년에는 SK커뮤니케이션즈에서 운영하는 네이트와 싸이월드 회원 전원, 한국 인구의 70%가 넘는 3,500만 명의 개인정보가 유출되었다. 2012년에는 KT의 휴대전화 가입자 870여 만 명의 개인정보가 유출되었다. 2014년에는 국내 유수의 카드회사 세 곳에서 1억 명에 달하는 개인정보가 유출되었다. 2014년에는 KT에서 1,200만 명의 고객정보가 유출되었다. 2017년에도 유출사고가 이어져 이스트소프트가 해킹당해 약 14만 명의 회원 개인정보가 유출되었다. 이보다 크지 않은 사건들까지 포함하면 적지 않은 규모의 개인정보 유출사고는 명절처럼 매년 빠짐없이 벌어졌다.

사고가 반복되는 이유는 여러 가지가 있을 것이다. 기업들의

— 살아남은 어떤 것은 결코 변하지 않는다

안이한 보안 의식, 세계적인 IT 강국이라고 자평하면서도 관련 인프라는 부실하기 짝이 없는 상황, 개인정보에 민감하면서도 정작 개인정보를 함부로 취급하는 모순된 인식, 급격하게 성장한 IT 산업 규모만큼 국가 내외부에서 끈질기게 계속되는 대담한 해킹시도들 등 헤아려 보면 끝이 없다.

우리는 IT 전문가가 아니라도 개인정보 유출사고의 원인에 대해 무리 없이 한두 마디쯤 얹을 수 있을 정도로 문제점을 똑똑하게 인식하고 있다. 우리 스스로가 사고의 피해당사자이기 때문에 사고가 벌어질 때마다 민감하게 반응하며 해결책에 대해서도 많이 고민해왔다.

그러나 변한 것은 아무것도 없었다. 십 년 전부터 지금까지 개인정보 유출사고가 끊임없이 계속되었고, 그때마다 나라 전체가 들썩이면서 문제점 분석부터 책임자 엄벌 요구에 이르기까지 많은 목소리들이 쏟아져 나왔지만 변한 것은 아무것도 없었다.

반추, 실수를 반복하지 않기 위한 처절한 회고

《징비록懲毖錄》은 도체찰사를 역임한 류성룡이 자신이 겪은 참상을 반추한 책이다. 같은 시기를 겪은 이순신의 《난중일기》와 함께

임진왜란과 정유재란이라는 미증유의 시기를 증명하는 대표적인 사^私기록이기도 한다.

류성룡은 1599년 환갑을 앞둔 무렵에 고향인 안동 하회로 돌아갔다. 그리고 왜란의 원인과 전개된 과정, 결과에 대한 분석까지 아울러 기록한 다음 '징비록'이라고 이름 붙였다. 징비는 《시경》에 나오는 '여기징이비후환予其懲而毖後患', 과거를 거두어 미래의 근심을 삼간다는 문구에서 따온 말이다.

제목에서처럼 류성룡은 《징비록》에서 혹독한 시절을 경험한 회고에 그치지 않고 과거의 실책들을 낱낱이 밝혀 반성하고자 했다. 비극이 벌어졌다면 다시는 반복되지 않도록 철저하게 원인을 분석해야 하고, 원인을 분석했다면 누군가는 결과에 대해 책임을 져야 한다. 류성룡은 비겁했던 과거를 용기 있게 고백함으로써, 전쟁을 책임지고자 했다. 그리고 같은 참사가 다시 벌어지지 않도록 기꺼이 스스로를 반면교사의 증거로 삼고자 했다.

반추는 소나 양과 같은 동물이 먹은 것을 되뇌어 다시 새김질을 하는 행동을 가리킨다. 2017년 대학수학능력시험부터 한국사는 국어와 영어 등과 더불어 반드시 치러야 하는 필수 과목이 되었다. 한국사가 공통과목이 된 공무원 채용시험은 물론 일반 대기업들에서 한국사능력시험 합격을 요구하는 경우도 점점 늘어나

― 살아남은 어떤 것은 결코 변하지 않는다

고 있다. 이처럼 우리가 역사를 배우고 또 강조하는 까닭은 지금까지 남긴 발자국을 반추하며 앞으로 가야 할 길을 가늠하기 위해서다. 그래서 인간은 위기를 경험하고 나면 과거로 끝내지 않고 이를 기록으로 남겨 반추하며 성숙해지는 기회로 삼았다. 여기저기에서 역사를 강조하는 사정 또한 보다 성숙한 사회를 만들고자 하는 바람 때문이었을 것이다.

그러나 역사를 배웠음에도 불구하고, 우리는 이미 벌어진 사고를 두고 그저 불운한 사고였을 뿐이라고 여기며 더 이상의 생각을 멈췄다. 오히려 앞으로 나아가기 위한다는 명목으로 사고를 망각하는 경우가 많았다. 그 결과 우리는 사고를 반복했고, 사고를 겪으며 같은 실수를 되풀이했다. 국어사전을 살피면 '사고'를 가리켜 뜻밖의 불행한 사건이라고 풀이하고 있다. 그러나 우리에게 사고란 늘 있어왔던 일을 뜻하는 '일상'에 더 가까웠다.

류성룡의 바람과는 다르게 조선은 불과 삼십여 년 후에 유사한 위기를 맞게 되었다. 류성룡의 당부에도 불구하고 조선 사회는 위기를 진지하게 후회할 줄 모른 채 위기 이후를 무의미하게 흘려보냈기 때문이다.

반추의 축적, 사고가 습관이 되지 않기 위한 준비

망양보뢰亡羊補牢는《전국책》에 나오는 고사에서 유래된 말이다. 중국 전국시대 초 조정에서 장신莊辛이 양왕에게 간신들을 물리치기를 간했으나 받아들여지지 않았다. 훗날 진의 침공을 받아 성양으로 망명한 양왕은 장신의 말이 옳았음을 깨닫고 장신에게 가르침을 청했다. 이에 장신은 이렇게 답했다.

"토끼를 발견하고 머리를 돌이켜 사냥개를 시켜도 늦지 않으며, 양이 달아난 다음 우리를 고친다고 해도 너무 늦지는 않습니다."

장신이 전하는 교훈은 일을 그르친 뒤에도 반성하고 수습한다면 훗날을 도모할 수 있으며, 나아가 후사가 있기에 이미 위기가 끝나 더 이상의 대응이 필요 없게 될지라도 철저하게 반성하고 그간의 일을 반추해야 한다는 것이다.

오래전 중국에서 벌어졌던 일이 우리에게 전해지는 과정에서 뜻이 조금 다른 방향으로 바뀌었다. 바로 '소 잃고 외양간 고친다'는 속담이다. 일이 벌어지고 난 다음에 후회해도 소용없으니 미리 관리를 잘하자는 뜻이다. 사전 대비의 중요성을 강조하고자 하는 의도였겠지만 망양보뢰와 비교해보면 사후 처리에 대해서는 상

— 살아남은 어떤 것은 결코 변하지 않는다

대적으로 소홀한 뉘앙스다.

일상이 위기라는 것은 사고가 빈번한 탓에 내성이 생겼음을 의미한다. 내성이 생긴 탓에 경각하고 방비하는 것이 아니라, 그 결과를 체념적으로 받아들이는 것이 습관이 되었다. 습관은 인간이 반복을 통해 길들여진 상태를 가리킨다. 지금 소를 잃은 원인은 대부분 이전에 소를 잃은 다음 별다른 조치를 취하지 않은 채 다시 소를 외양간에 들여 상황을 회복하는 데에만 노력을 기울였기 때문이다. 우리는 소를 잃고 난 다음에도, 이미 때가 늦었어도 외양간을 고쳐야 한다. 그러한 반성의 기간을 거쳐야 소를 잃는 사고에 길들여지지 않을 수 있다.

위기에는 두 가지 종류가 있다. 리스크risk는 아직 일어나지 않았지만 충분히 일어날 수 있는 예측 가능한 위험이고 크라이시스crisis는 이미 벌어져 해결해야 하는 위기로 대비가 소용없는 사건이다. 그래서 리스크는 때로 기회를 잡을 때 감수해야 하는 위험요소로도 받아들여지지만, 어떤 위기는 준비의 치밀함과는 무관하게 자연재해처럼 특별한 조짐도 없이 돌연 들이닥친다.

갑작스럽게 벌어진 위기를 헤쳐 나가기 위해 필요한 덕목은 흔들리지 않고 주변을 장악해 활로를 제시하는 깊이에 있다. 이러한 힘을 가리켜 우리는 추상적으로 내공이라고 표현한다. 그리고 내공이란 풍파를 겪으면서 이미 벌어진 결과를 붙잡고 더 나은 내일이 되고자 치열하게 고민했던 경험들이 안으로 갈무리된 생각근육의 힘이다.

6장

그래서
클래식은
강하다

16. _____ 우회축적.
한순간의 도약을 위해 축적하는 힘

한 사람의 독자로서 서점을 돌아다니다 보면 안타까움을 느낄 때가 있다. 우리 출판계가 해외 베스트셀러의 판권을 고가로 들여와 한국의 독자들에게 내놓는 것을 주된 경쟁력으로 삼은 것은 아닌지 하는 걱정이 들었기 때문이다. 세상을 구성하는 다양한 목소리가 골고루 들리기보다는 처세의 기술이나 부자 되는 방법, 위로 등에 초점을 맞춘 책들만 주로 사랑받는 모습에서 우리의 팍팍한 삶이 그대로 드러나는 것만 같아 서운하기도 했다. 그러던 어느 날 묵직한 울림을 주는 책을 만났다. 지난 30여 년간의 독서 여정에서 수많은 책을 만났으며 모든 책이 소중한 경험이었다. 그럼에도 종교 경전을 제외하고 단 한 권을 꼽으라면 나는 주저 없이 이 책을 꼽을 수 있다. 바로 윤석철 석좌교수의 《삶의 정도》다.

_____ 살아남은 어떤 것은 결코 변하지 않는다

경영학 대가인 저자는 경영학 전문서적 외에 10년마다 대중서를 한 종씩 세상에 내놓고 있는데 이 책은 그 네 번째 결과물이다. 학문의 경계를 넘나드는 융복합적이고 통섭적인 저자의 사고는 수려한 문장 속에서 연륜만큼 깊은 통찰을 담아 페이지마다 가득 흐르고 있다.

《삶의 정도》에는 경영학에서 나아가 삶의 전 영역에 적용 가능한 "복잡함complexity을 떠나 간결함simplicity을 추구하라"를 비롯해, 내가 좌우명으로 삼고 있는 적선지가 필유여경積善之家 必有餘慶과 상통하는 "남에게 피해를 주지 않으면서 자기 삶의 길을 떳떳하게 갈 수 있는 것이야말로 삶의 정도다"와 같이 밑줄을 긋고 두고두고 곱씹고 싶은 문장이 도처에서 나온다. 그 명문들 가운데 축적과 발산의 구조에 대해 설명하며 아날로그의 가치를 되새기게 한 '우회축적'이라는 개념을 이 자리에서 소개하고자 한다.

하늘을 밟기 위해서는 오랜 제자리걸음이 필요하다

퀀텀점프Quantum Jump는 양자세계에서 양자가 계단을 뛰듯이 불연속적인 흐름을 보이는 현상을 가리키는 물리학 용어다. 일반적으로는 어떤 단계에서 다음 단계로 이행하는 발전 과정이 조금씩 일정하게 위로 나아가는 기울어진 직선이 아니라, 정체를 유지하다 어느 순간 급작스럽게 뛰어오르는 계단 형태의 그래프로 나타나는 현상을 가리킨다.

모든 생명은 섭취한 다음 배설하는 인과를 통해 삶을 영위한다. 인간 또한 어떤 결과물을 발산하기 위해서는 일정 기간 축적하는 과정을 반드시 거쳐야 한다. 이렇게 내공을 쌓아가는 과정은 일신우일신日新又日新과 같이 어제보다 오늘 한 걸음 앞서 있고 오늘보다 내일 앞으로 가는 모습으로도 구현될 수 있지만, 어떤 경우에는 기나긴 시간을 제자리걸음하다 어느 순간 비약적으로 뛰어올라 하늘을 밟고 전진하는 모습으로 나타나게 된다. 이처럼 잠복기간을 거치며 모은 힘이 폭발적으로 발산되어 극적인 변화를 일으키는 원리를《삶의 정도》에서는 우회축적이라는 용어로 설명하고 있다.

우리는 목표점까지 최단 경로의 직선을 긋고 싶어 한다. 그것이 가장 효율적으로 보이기 때문이다. 그러나 가장 효과적으로 목표점에 도달하는 움직임은 직선이 아니라 굴렁쇠의 일정 부분을 연상시키는 사이클로이드 곡선을 그리며 목표점을 우회하는 방식이었다.

예를 들어 매는 오랫동안 하늘을 맴돌다가 먹잇감을 발견하면

— 살아남은 어떤 것은 결코 변하지 않는다

당시 위치에서 목표까지 직진하지 않고 계단 모양으로 움직인다. 즉 스스로를 수직에 가깝게 땅으로 내리꽂아 속도를 높인 다음 그 힘을 받아 먹잇감까지 수평에 가깝게 나는 것이다. 영문자 L에 가까운 형태로 움직였기에 매가 이동한 거리는 직선보다 훨씬 길어지지만 급전낙하하며 얻은 속도는 중력의 도움으로 기울어진 직선 모양으로 내려갈 때보다 두 배 가깝게 상승하기 때문에 목표점까지 도달하는 시간을 훨씬 줄이게 된다.

이러한 우회축적이 성립되기 위해서는 세 가지 조건이 필요하다. 목적이 분명히 정립되어 있어야 하고, 이를 실현시키기 위한 수단을 마련해 두어야 하며, 무엇보다 목적에 도달하기까지 제자리를 걸으며 축적하는 과정을 감내할 수 있어야 한다. 일상의 말로 풀자면 내가 무엇인가를 왜 이루고 싶은지, 그것을 실현하기 위해 어떻게 노력해야 하는지, 그리고 이를 위해 무엇을 견뎌야 하는지를 깨달아야 한다는 정도가 될 것이다. 앤더스 에릭슨^{Anders Ericsson}이 1990년대 초반 이야기한 '의도적 수련^{deliberate practice}'이나 《아웃라이어》에서 이야기하는 '1만 시간의 법칙' 등 노력의 양보다 노력의 밀도에 초점을 맞춘 이론들도 같은 원리에서 설명할 수 있을 것이다.

내공은 머리가 아닌 몸에 새겨진다

우회축적을 삶에 적용하려면 한 가지 주의점이 필요하다. 우회축적에는 인간의 전 생을 꿰뚫는 깊은 통찰이 담겨 있지만 그렇다고 해서 인간의 모든 행동에 적용할 필요는 없다. 《근사록近思錄》에는 "소견소기 불가불원차대所見所期 不可不遠且大"라는 구절이 나온다. 식견과 목적은 멀고 원대해야 한다는 뜻이다. 반대로 생각하자면 아주 짧은 목표점에 도달할 때에는 원대하고 확고한 목적 대신 다른 덕목이 필요하다는 의미로 받아들일 수도 있다.

우리에게는 멀리 내다보고 결정한 삶의 목적이 있어야 한다. 따라서 멀리 내다보고 오랜 시간 내공을 축적해 힘을 떨칠 때에는 우회축적의 과정이 반드시 필요하다. 그러나 당장 주먹을 내질러야 하는 순간에 팔로 곡선을 그려가며 운동에너지를 길게 모은다면 잘해야 무협영화에 심취한 기인으로 취급받을 뿐이다. 우리는 당장 목표에 도달하기 위해 필요한 희생이 두려워 제자리걸음으로 주저하는 비겁함을 발산 직전의 잠복 기간으로 착각하기도 한다. 당장 내일로 다가온 시험공부를 하기 전에 각오를 잡는답시고 공연히 방청소에 많은 시간을 할애하는 것처럼 말이다.

그 비겁함을 나무랄 수는 없다. '1만 시간의 법칙'에서 이미 지적했듯이 한 계단 뛰어오르기까지 힘을 축적하는 정체구간에서

살아남은 어떤 것은 결코 변하지 않는다

중요한 요소는 축적 기간이 아니라 축적의 밀도, 즉 자신의 부족함을 끊임없이 개선하고자 하는 고민의 깊이와 몰입도다. 진지하게 고민하고 천착하는 행위는 자기착취에 가까운 혹독한 과정이다. 그렇기 때문에 우리는 중국 당 시대 시인인 가도買島의 삶을 떠올리며 생의 모든 것을 걸고 목표에 뛰어들어 기약 없는 시간을 참아내는 상황이 두려울 수밖에 없다.

가도는 〈검객〉이라는 시에서 "십년마일검 상인미증시十年磨一劍 霜刃未曾試"라고 읊었다. 십 년 간 칼을 갈았으나 서릿발 같은 칼날을 아직 시험해보지 못했다는 뜻이다. 가도는 시에 삽입되는 한 글자를 가지고 오랫동안 고민했다는 '퇴고推敲'의 주인공으로, 목표를 향해 깊이 파고드는 진지한 성정을 가지고 있었다. 그는 시에서처럼 오랫동안 학문을 연마하며 과거를 준비했지만 번번이 낙방한 끝에 낙심하고 불문에 잠시 귀의하기도 했다. 긴 시간을 견디며 축적했지만 원하는 목표로 발산하는 데 실패한 것이다.

다만 가도의 삶을 이렇게 바라볼 수도 있다. 그는 당대를 안녕하게 살 수 있는 입신양명이라는 목표에는 쉽게 도달하지 못했다. 그러나 그가 오랜 기간 쌓은 공부는 결코 헛되지 않아 당대를 대표하는 시인 가운데 한 명으로 꼽히게 되었으며, 그의 시는 지금까지도 우리의 입으로 전해지고 있다.

나름대로 열심히 공부했던 지식들의 상당수는 시간이 지나면서 어디론가 흘러내려가 머릿속에서 사라졌다. 그러나 어떤 지식이 아니라 공부하며 축적해갔던 치열한 사유의 시간들은 머리가 아닌 몸에 새겨지기 마련이다. 시간이 지남에 따라 목적에 도달하기 위해 쌓아온 지식은 빠져나가도 지식을 쌓으며 다져진 태도만은 오히려 더욱 확고하게 남는다. 그리고 그렇게 축적의 과정을 거치며 하나의 틀로 완성된 삶의 자세를 '격格'이라고 부른다.

우리는 오랫동안 칼을 단련하는 노력 자체보다 그 긴 세월을 보상받을 수 없을지도 모른다는 불안감을 훨씬 두려워한다. 우회 축적을 하기 위해 땅으로 추락하면서 매는 어떤 심정을 품고 있었을까? 반드시 토끼를 잡을 수 있다는 확신이었을까? 아니면 토끼를 잡아 하루를 무사히 넘기겠다는 생의 간절함이었을까? 다만 이것만큼은 확신할 수 있다. 매는, 미리 절망하지 않았다. 그것이 매가 가진 격이다.

_ 살아남은 어떤 것은 결코 변하지 않는다

17. _____ 알파고 이후의 세상에도
노인을 위한 나라는 있다

이세돌 9단과 알파고 간의 대국을 지켜보던 우리의 감정은 두려움과 조바심이었다. 당시 충격은 4차산업혁명에 대한 관심과 유행으로 이어져 지금에 이르고 있다. 이러한 현상을 바라보며 재미있다고 느꼈던 지점이 있다. 알파고의 충격은 분명 바둑에서 촉발되었지만 정작 당사자라고 할 수 있는 바둑 기사들은 충격을 받고 좌절하기보다는 알파고를 통해 지금까지 생각하지 못했던 바둑의 새로운 세계를 경험하고 있다고 여기는 듯하다.

중국의 루이나이웨이芮乃偉 9단은 한 인터뷰에서 이렇게 말했다.

이세돌 9단이 알파고에게 패했을 때 믿기지 않았고 가슴이 너무 아팠다. 그러나 알파고 기보를 보면서 발상이 자유로워지고 바둑을 보는 새로운 눈이 생긴 것 같다. 옛날에 배웠던 바둑 스타일에 매몰되지 않고 새로운 바둑을 만날 수 있어 행복하다.

바둑인들은 이세돌 9단과 알파고와의 대국 결과를 인간의 패배로만 보지 않고 알파고와 함께 바둑을 진화시켜 나가는 기회로 본 것이다. 나는 여기서 바둑과 바둑인들의 저력을 본다.

언젠가 인간이 알파고를 따라잡을 수 있는 날이 올지를 가늠해보면 조금은 비관에 사로잡힌다. 인간이 축적해온 기보를 바탕으로 성장한 다른 알파고들을 압도하는 알파고 제로가 등장하면서 더욱 그러한 예측이 굳어졌다.

그러나 바둑 기사들이 이미 그러했듯이 우리 또한 미리 좌절할 필요는 없을 듯하다. 바둑인들은 천문학적인 규모의 투자금과 대단위의 인력과 첨단 기계가 투입된 결과를 경쟁자로 인식하기보다 새로운 바둑의 경지를 개척하고 지금까지 당연시되어온 바둑 상식들을 다시 생각해보는 데 도움을 주는 수단으로 생각하고 있다. 우리도 다를 것이 없다.

에릭 브린욜프슨Erik Brynjolfsson과 앤드루 맥아피Andrew McAfee는《제2의 기계 시대The Second Machine Age》에서 '기계와의 경쟁'이 아닌 '기계와의 공생'에 주목한다. 최고수의 두 점 착수를 능가하는 슈퍼 인공지능이 바둑계에 등장했다면 어떤 이의 입지는 줄어들겠지만, 반대로 어떤 이의 자리는 새로 생겨날 것이다. 그 변화로 인한 위기와 기회는 연령에 상관없이 공평하게 찾아올 것이다. 그리고 누군가는 인공지능을 보다 효율적인 도구로 멋지게 활용할 것이다. 이러한 예상에서 나는 '노인을 위한 나라는 없다'는 말은 재고해야 한다고 생각한다.

변화의 충격은 공평하게 찾아온다

2010년 광저우 아시안게임에서 바둑이 정식종목으로 채택되었을 때였다. 이를 두고 반상에서 펼쳐지는 승부에 대한 정의를 놓고 잠시 설왕설래가 벌어지기도 했다. 바둑의 특성을 찾아보면 여느 스포츠가 가진 특성과 크게 다르지 않기는 하다. 대결하는 선수 각자의 기량을 점수로 환산해 승패를 나누는 것이나 여타 스포츠에 비해 상대적으로 차이가 좁기는 하지만 성별이나 연령이 승패를 가르는 데 중요한 원인으로 꼽히기 때문이다. 수읽기는 결국 체력이었던 것이다.

그리고 체력을 바탕으로 하는 정교한 수읽기는 인간이 알파고와 같은 기계를 절대로 따라잡을 수가 없다. 다시 말해서 알파고의 입장에서 보면 고령의 바둑기사와 20대 중반의 바둑기사의 체력 차이가 크지 않을 것이며, 따라서 알파고와 같은 인공지능이 가진 장점 앞에서는 그동안 바둑에서 연령이나 성별에서 유리하다고 여겼던 특성들이 상당 부분 사라지게 된다.

앞으로 인공지능이 바둑을 넘어 일상의 전 영역으로 파고들 것으로 예측되고 있다. 당장 저임금 단순노동으로 상징되는 영역에서부터 보다 저렴한 비용으로 운용이 가능한 인공지능 자동화 기술로 조금씩 대체되고 있다. 이러한 플랫폼의 최적화는 기존의 노동자들 가운데 상당수를 최저근무시간이 따로 존재하지 않아 고용 환경이 불안정한 '제로아워$^{zero hour}$ 노동'으로, 허울만 좋은 임시직 프리랜서인 '긱 경제$^{gig economy}$'로 몰아넣을지도 모른다. 나아가 고령의 숙련 기술자들이 대거 은퇴하는 시점에서는 이들이 몸담았던 영역마저 인공지능으로 구현되는 자동화 기술로 대체될 수 있다.

이러한 예측들을 접할 때마다 중장년층 이상은 곧 도래할 변화와 그로 인해 격변할 환경에 대해 두려움을 느끼지만, 분명한 것은 변화로 인한 충격은 연령을 가리지 않고 공평하게 찾아오리라는 점이다. 그리고 미래는 중장년층 이상에게 특별히 유리하지도 않겠지만, 특별히 불리하지도 않을 것이다.

　　　　　　　　　__ 살아남은 어떤 것은 결코 변하지 않는다

변화에서 말미암은 기회는 평등하게 찾아온다

한때 일본 바둑은 자신들이 곧 세계 바둑의 기준이자 정석일 만큼 대단한 위상을 가지고 있었다. 오늘날에도 일본은 많은 바둑 애호가들로 이뤄진 두터운 저변을 가지고 있다. 다만 국제대회 성과를 보면 몰락했다고 해도 과장이 아닐 정도로 초라한 성적을 거듭하고 있다.

이에 대해서는 많은 분석들이 나왔는데, 공통적으로 꼽히는 원인 가운데 하나는 제한시간이다. 대부분의 국제대회에서 제한시간은 기사마다 대국 한 번에 세 시간씩 주어진다. 반면 일본에서는 결승전에서 양측의 기사가 여덟 시간씩 보장받았다. 두 기사를 합치면 16시간이 주어지는 셈이다. 그래서 일본의 바둑은 호흡이 상대적으로 더디고 승부 또한 이틀에 걸쳐 진행되는 경우가 많았다. 결과적으로 보자면 일본 바둑은 보다 빠르게 진행되는 방식으로 변화한 세계 바둑계의 흐름에 제대로 대응하지 못한 것이다.

그러나 알파고 이후의 바둑에 대해 이런 상상을 해볼 수도 있다. 프로 씨름은 한국인의 체형 변화에 맞춰 시간이 흐를수록 체격이 큰 선수들이 등장했고, 자연스럽게 기술 씨름에서 체중과 힘의 영역으로 나아가게 됐다. 체격이 작은 선수들은 체급을 낮추거나 또는 서서히 사라졌다.

프로씨름 초창기 천하장사들과 거한들이 등장한 시기를 주름 잡았던 천하장사들을 시대적 한계를 무시하고 지금 여기에서 대결을 붙인다면 아마도 후자가 압도적으로 승리할 것이다. 기술은 체격과 완력을 뛰어넘기 위해 궁리한 결과다. 다시 말하자면 체격과 완력이야말로 몸과 몸이 부딪치는 격투기에서 극복할 수 없는 승부의 제1조건이다. 그러나 점점 더 강한 선수들이 등장했음에도 씨름 경기를 보던 팬들은 기술과 속도로 승부가 갈리던 예전 씨름을 그리워하게 되었다.

바둑 또한 다양한 기풍과 바둑에 대한 저마다의 신념을 가진 기사들의 대결이 아니라 보다 더 많은 자본이 투입되어 만들어진 인공지능 간의 성능 대결처럼 변화한다면 우리는 인간이 가장 자신의 장점을 크게 발휘할 수 있는 영역으로 눈을 돌릴 것이다.

만약 바둑이 속도를 포기하게 된다면, 대국에서 시간제한이 풀리게 된다면 어떤 풍경이 그려질까? 생각할 시간이 더 많이 주어지는 상황이 젊은 기사들에게는 딱히 유리하지도 그렇다고 불리하지도 않게 받아들여질 것이다. 그러나 속도 경쟁에서 버거움을 느꼈던 노장들에게 보다 넉넉하게 주어진 시간은 기회가 될 수 있을 것이다. 변화는 노장들에게 결코 유리하지 않지만, 특별히 불리하지도 않을 것이다.

노인을 위한 나라는 있다

한국을 정의하는 말 가운데 하나는 '가장 빨리 늙어가는 국가'일 것이다. 2018년 인구절벽을 지나 2026년에는 초고령사회에 진입할 것으로 예상된다. 한국이 준비 중인 4차산업혁명의 명제 가운데 하나 또한 고령화 사회를 대비한 4차산업이다. 그러나 아쉽게도 지금까지 4차산업혁명과 노년층을 연결 짓는 시도는 노인복지와 소비에만 한정된 감이 없지 않다. '노인이 집 보는 시절을 지나 노인을 돌보는 스마트홈'이나 헬스케어 관련 IT 서비스 등이 대표적이다.

물론 합리적인 구상이기는 하다. 십 년 후 한국에서 노년층은 2018년 현재 막 은퇴했거나 다가올 은퇴를 준비 중인 이들이 주축을 이룰 것이다. 이들의 상당수는 1990년대 이후 지금까지 386, 486, 586으로 이름만 바꿔 호명된, 한국 현대사상 가장 오랫동안 한국사회에서 허리를 담당했던 세대다. 가장 강력했던 소비층이었던 이들이 생산 현장에서 떠나게 되었을 때를 대비해 노년 대상의 미래산업을 소비와 복지 중심으로 준비하고자 하는 것은 충분히 일리 있는 구상이다.

다만 근래 은퇴를 준비하는 이들은 이전 선배세대들과는 다르게 은퇴 이후에도 긴 삶이 기다리고 있기 때문에 소비 너머에 대해서도 생각할 수밖에 없다. 노년 대상의 미래산업에서 비영리성 사업 외에 노년층을 적극적으로 활용한 노동과 생산을 생각해야 하는 까닭이다.

노년 대상의 미래산업에 대한 준비는 나의 몫이 아니고 내가 감당할 수 있는 영역도 아니다. 당연히 명확한 해답은 도출하지 못한다. 다만 은퇴 이후의 삶은 나에게도 적용되는 고민이다. 이러한 고민에서 지금까지 내린 중간 결론은 다음과 같다.

케빈 켈리는 《인에비터블 미래의 정체》에서 기술의 발전으로 사람들이 소비가 아닌 창조활동에 집중하기 시작했다고 지적했다. 앞으로는 제조업 생산보다 콘텐츠 생산이 중요해지는데, 이러한 창조활동은 그동안 소비했던 콘텐츠를 담보로 한다. 또한 케빈 켈리는 미래를 만들어갈 '불가피한inevitable' 힘 열두 가지 가운데 하나로 뒤섞는 것, 즉 그동안 생산된 무수한 콘텐츠를 연결해 조합함으로써 다시 무수한 콘텐츠를 재창조하는 흐름을 꼽았다. 나는 이 지점에서 소비자로서의 노년이 아니라 생산자로서의 노년이라는 가능성을 떠올렸다.

은퇴했지만 여전히 사회에서 허리 역할을 감당할 수 있는 이들은 소비자로서의 경험을 가지고 있으며 생산자로서의 역량도 가지고 있다. 무엇보다 은퇴한 이들은 '시간제한'에서 상대적으로

— 살아남은 어떤 것은 결코 변하지 않는다

타 연령층에 비해 자유롭다. 노인들에게는 오래 축적된 시간이 있고, 오랫동안 장고할 수 있는 시간이 남아 있다. 배움에 때가 있다면 바로 지금, '노인'이 된 때일 것이다.

18. _____ 다시 적자생존.

적선지가 필유여경

벤저민 프랭클린^{Benjamin Franklin}은 미국인들이 꼽는 '최초의 미국인'
이다. 미국 건국의 아버지 가운데 한 명으로서 〈독립선언서〉, 〈파
리조약〉, 〈미국연방헌법〉의 초안 작성에 모두 참여하고 서명했
다. 피뢰침과 복초점 렌즈를 개발한 탁월한 발명가였다. 인쇄소
견습공에서 출발해 자수성가를 일군 성공한 사업가였다. 간결
한 문장과 깊은 통찰로 미국 산문 문학의 정수로 꼽히는 《자서전
_{Autobiography}》을 집필한 위대한 문필가였다.

그러나 프랭클린이 미국인들의 뿌리로 꼽히는 까닭은 그가 남
긴 다양한 업적 때문이 아니다. 벤저민 프랭클린은 기부와 재능의
환원을 미국에서 최초로 실천했다. 자선병원과 대학을 설립했고,
도로를 닦고 가로등을 세웠다. 종파를 가리지 않고 모든 교회에

기부를 했으며 피뢰침을 발명한 다음에는 전 세계가 번개의 위험으로부터 벗어날 수 있도록 특허권을 포기했다. 가진 자로서의 의무와 상생을 평생에 걸쳐 실천하고자 했던 그의 정신은 미국의 정체성으로 이어졌고, 오늘날 미국을 만든 힘이 되었다. 빌 게이츠나 마크 주커버그와 같이 '의무이자 특권'으로서 기부를 실천하는 이들을 거슬러 올라가면 벤저민 프랭클린이 나온다.

벤저민 프랭클린은 《자서전》에서 자신이 삶의 태도를 바꾼 계기로 《선행록Bonifaciuss, or Essays to Do Good》을 이야기한다. 《선행록》의 저자 코튼 매더Cotton Mather는 평소 이렇게 주장했다. "끊임없이 공공의 선을 행하도록 노력해야 하며, 선을 행하는 자가 사회에서 가장 높은 존경을 받아야 합니다." 나는 여기에서 평생 품고 있는 좌우명인 '적선지가 필유여경'을 떠올렸다.

먼저 다가가고 먼저 사랑하라

1963년 아버지께서 돌아가셨다. 남은 2녀 4남을 책임지는 일은 오롯이 어머니의 몫이었다. 어머니께서 혼자 육남매를 키우며 감당하고 살아내었던 세월을 감히 이해할 수 없다. 다만 채 마흔이 되기 전에 홀몸이 된 그때 어머니의 등을 떠올릴 뿐이다. 할머니와 어머니께서는 집에 빈객들이 찾아오면 언제나 지극정성으로 밥을 짓고 방을 마련해주셨다. 나는 그렇게 분주하게 움직이던 어머니의 등을 보며 자랐다. 그래서인지 나의 몸에는 어머니께서 오가는 이들에게 나누던 인심과, 머무는 이의 사정을 헤아리는 공감이 새겨진 것 같다.

적선지가 필유여경積善之家 必有餘慶은 《주역周易》〈문언전文言傳〉에 나오는 구절로 선을 쌓은 집안에는 반드시 경사가 남는다는 뜻이다. 이 말은 여러 의미로 읽힌다. '뿌린 대로 거둔다reap what we sow'는 인과응보나 자업자득으로도 받아들일 수 있고, 공익을 강조하는 큰 마음가짐으로도 풀이할 수 있다. 더불어 사는 상생의 정신과도 일치한다고 볼 수도 있다. 모두가 대동소이한 해석일 것이다.

지금까지 인생을 관통하는 법칙에 대한 질문을 받으면 '적자생존'을 비틀어 기록하는 자가 살아남는다는 '적자생존跡者生存'으로 이야기해왔다. 지금 여기에서 적자생존을 나눔으로써 선을 쌓는 자가 살아남는다는 '적자생존積者生存'으로 다시 변주하고자 한다. 앞서 밝혔다시피 변화에 유연하게 대처할 수 있는 내공은 IT 감수성을 통해 정보를 효과적으로 이해 및 수용하고, 그 정보들을 기록이라는 과정을 통해 내 것으로 소화하며, 이렇게 정리된 사유를 생각근육으로 축적하는 과정을 거친다.

— 살아남은 어떤 것은 결코 변하지 않는다

이러한 흐름에서 최종 목표점은 긍정적인 의미로서의 유유상종, 더불어 어울리고자 하는 바람으로 그동안 쌓은 역량을 외부로 발산해 선을 쌓는 것으로 귀결된다. 고수로부터 받아 몸에 새긴 가르침과 사회로부터 받아 축적한 자원을 다시 나누는 자세가 적자생존의 종착지인 것이다. 변화된 환경에 적합한 자가 살아남는다는 진화론적 가르침은 축적하는 자가 살아남는다는 뜻으로 나아가고, 나누는 자가 더 큰 선을 쌓을 수 있다는 의미를 지나 모두가 적합한 자가 되어 더불어 살아가자는 권유로 돌아오는 셈이다.

일찍이 벤저민 프랭클린 또한 이렇게 권유했다. "타인에게 사랑받고 싶다면 먼저 타인을 사랑하라. 그리고 사랑받을 수 있는 사람이 되도록 노력하라If you would be loved love and be lovable." 여기서 '사랑'을 존경, 재산, 지식 등 각자 추구하는 다른 가치들로 바꿀 수 있을 것이다.

너도 살고, 나도 사는 적자생존

평소 상생을 추구하고자 하는 생각과 이를 일상의 영역에서부터 실천하고자 하는 행동으로 살아가는 이는 주변에 선의 씨앗을 차곡차곡 뿌리게 된다. 그리고 사방에 뿌려진 씨앗들은 그가 위기에

처했을 때 연꽃의 꽃잎처럼 저절로 모아져 든든한 방벽이 되어준다. 선한 행동에는 공존과 상생의 진정성이 있기 때문이다. 흔히 진심은 통한다고 한다. 우리가 인식하지 못하더라도 선행은 무의식의 메모리 안에 저장되고, 긍정적인 인간관계로 확산된다.

'벤 프랭클린 효과The Ben Franklin Effect'라는 용어가 있다. 벤저민 프랭클린의《자서전》에는 다음과 같은 이야기가 소개된다. 프랭클린이 펜실베이니아 주 의회 의원이었던 시절, 의회에는 유독 프랭클린을 괴롭히는 정적이 있었다. 견디다 못한 프랭클린은 한 가지 방법을 생각해낸다. 그 정적이 희귀본 도서를 가지고 있다는 이야기를 듣고 프랭클린은 그에게 도서를 빌려달라고 정중하게 요청했다. 그는 희귀본의 가치를 알아본 프랭클린에게 즉시 책을 빌려줬고, 프랭클린은 일주일 후 감사하게 읽었다는 편지와 함께 책을 돌려줬다. 이후 의회에서 만난 그는 프랭클린을 살갑게 대했고, 두 사람은 평생 우정을 나누는 사이가 되었다. 벤 프랭클린 효과는 이 에피소드에서 유래된 말이다.

마케팅이나 심리학에서는 관성의 법칙을 활용해 사소한 요구에서 시작해 점차 더 큰 요구로 발전시켜 목표가 되는 요구를 들어주기 쉽게 만드는 기법인 '문전 걸치기 전략foot in the door technique'의 다른 이름으로 쓰는 듯하다. 그러나 나는 벤 프랭클린 효과의 유

　　　　　— 살아남은 어떤 것은 결코 변하지 않는다

래가 된 에피소드에서 다른 면에 주목했다. 벤저민 프랭클린의 어떤 능력이 정적에게 책을 빌려달라고 요청하게 만든 것일까? 그리고 정적은 어떤 심정으로 프랭클린에게 책을 빌려줬을까?

지음知音은 막역한 친구를 가리킨다. 자신의 음악을 알아주는 친구 종자기鍾子期가 죽으니 거문고 줄을 끊었다는 백아伯牙의 고사에서 비롯된 말이다. 내가 가진 가치를 누군가 알아주는 것은 큰 기쁨이다. 또한 누군가의 가치를 알아보는 것은 아름다운 일이다. 벤저민 프랭클린은 정적을 제거하고자 하는 대신 화해하고 싶어 했다. 정적은 자신의 결을 알아봐준 이가 있다는 데 기쁨을 느꼈을 것이고, 프랭클린은 공감능력인 감수성을 통해 이를 섬세하게 잡아내고 있었을 것이다. 그렇게 프랭클린은 세련된 방식으로 먼저 손을 내밀었고 정적은 기꺼이 그 손을 맞잡았다. '너도 살고 나도 살자'는 선한 진심이 통해 서로의 '소리'를 알아본 것이다.

타인은 나의 적이 아니다

콩 한쪽도 나눠 먹어야 한다고들 하지만 이 둘을 공평하게 자르는 방법은 세상에 존재하지 않는다. 정확하게 나누기도 힘들뿐더러 설령 자로 재듯 정확하게 자른다고 해도 나눠 먹는 두 사람의 처지가 다르기에 불만은 반드시 생기기 마련이다.

콩 한쪽을 불만 없이 나눌 수 있는 방법은 두 가지가 있다. 첫 번째는 한쪽이 콩을 나눌 수 있는 권한을 가지고 다른 한쪽이 나 뉜 콩 가운데 하나를 먼저 선택할 수 있는 권한을 가지는 것이다. 두 번째는 어느 한쪽이 다른 한쪽에게 양보하고 기꺼이 손해를 감 수하는 것이다.

지금까지 뿌린 만큼 거둘 것이고, 받은 만큼 돌려줘야 한다는 이 야기를 했지만 백 퍼센트 정확하게 주고받는 행위는 알파고끼리도 불가능할 것이다. 우리 모두는 관계에서 평등을 추구해야 하지만 모든 관계는 결코 평등할 수 없다. 관계란 불평등 위에서 성립되기 때문이다. 그리고 우리는 모두 관계에서 조금이라도 이익을 보는 입장이기를 원한다. 이 불협화음이야말로 갈등의 원인이다.

살다 보면 양보할 수 없는 신념이 충돌하고 상대에 대한 불만 과 아쉬움이 소용돌이치는 순간을 반드시 맞게 된다. 그럴 때 나 는 '까짓 손해 좀 보고 살아도 좋다'는 마음가짐을 떠올린다. 이를 테면 '적자생존赤字生存', 상대가 만족한다면 적자를 감수하는 것도 살아가는 데 나쁘지 않다는 생각이다. 타인은 경쟁자가 아니라 함 께 살아가는 존재다. '언젠가 진심은 전해진다'는 말을, 나는 여전 히 믿는다.

3부

변화하고,
변화되고,
변화시켜가고

7장

판사에게도
변호사가
필요하다

19. ＿＿＿＿＿＿＿ 두려워하고 두려워하지 말 것

언젠가 전봇대와 통신주들이 사라진 거리의 풍경을 보며 흡족해하다가 문득 어떤 의문이 들었다. 저 익숙한 곳을 회상할 때, 내 머릿속에 떠오른 거리의 풍경에 전봇대들과 전선들이 있었던가? 아마도 아주 보기 흉하게 늘어진 경우가 아니라면 기억에서 걸러졌을 것이다. 하늘을 가로지르는 검은 선들 따위는 길을 걷는 데 전혀 중요하게 느껴지지 않기 때문이다.

현대인이 살아가는 데 있어 전기와 통신은 빼놓을 수 없는 필수재다. 둘 중에 하나라도 끊기면 거의 대부분의 산업들이 손을 놓게 되고, 우리의 일상 또한 크게 불편해질 것이다. 전봇대와 전선들은 그것을 잇는 중요한 역할을 한다. 나는 주택가 골목에서 시골 비포장도로에 이르기까지 구석구석 촘촘하게 뻗어나갔지만

___ 변화하고, 변화되고, 변화시켜가고

투명인간처럼 존재감이 희미한 저 검은 선들을 보며 법과 비슷하다는 생각이 들었다. 그렇다면 법관은 전기, 통신과 같은 필수재가 모든 시민에게 공평하게 전달되기 위해 때로는 전봇대에 매달리기도 하고 때로는 보이지 않는 전선을 잡는 일을 수행하는 존재일 것이다.

언젠가 인터뷰에서 '판사가 되기를 잘했다'고 느낀 순간을 꼽아보라는 질문을 받았다. 판사의 직무를 수행하며 판결을 내릴 때마다, 사람과 사람의 갈등을 조정하기 위해 각자가 품은 절절한 사연을 들을 때마다 나는 언제나 전선 위를 맨발로 걷는 것처럼 두려워진다. 흔히들 판사의 판결은 작게는 개인부터 크게는 국가의 미래에 영향을 끼친다고 한다. 그것은 일부 틀린 말이다. 개인의 삶을 좌우할 수 있는 판단을 결코 작다고 할 수 없다. 업무가 가진 무게와 영향력 때문에 법관이 되고부터는 인간관계가 점점 좁아지기도 하고, 또 좁아질 수밖에 없다.

판사를 한문으로 풀어보면 '판단하는 일'이 된다. 자주 오해받는 것과는 다르게 각급 법원의 법관을 가리키는 판사에는 '선비 사士'가 아닌 '일 사事'가 들어간다. 나는 그 이름에서 판사라는 직무가 가진 본질을 새삼 깨닫는다. 헌법과 법률에 의해 심판하는 일은 인간의 영역이 아니다. 따라서 판결을 내리는 존재는 인간이

　　　　　　　　　　　　　　— 인생의 밀도

아니며, 다만 국민을 향해 봉사하라는 역할을 받았을 뿐이다. 그래서 판사는 직업인이 아닌 하는 일 자체로 불린다.

이러한 무게에도 불구하고 판사가 되기를 잘했다고 느꼈던 순간들이 없지는 않다. 고르디우스의 매듭처럼 복잡하게 얽혀 해결되지 못하고 오래 표류했던 사건들을 이어받아 마무리했을 때다. 그 기억들을 이 자리에서 모두 세어보는 것은 낯 뜨거운 일이겠다. 단 하나만 얘기하자면 2014년 '구로공단 수용토지 손해배상소송' 이 떠오른다. 당시 재판부는 농지를 빼앗기고 옥고까지 치렀던 농민과 그 후손들이 제기한 소송에서 "국가는 650억 5,000여만 원을 지급하라"고 선고했다. 지연손해금까지 적용하면 1,000억 원이 넘는 금액이었다.

'한강의 기적은 구로공단 여공들이 만들었다'는 이야기가 있다. 1960년대 우리나라의 주요 수출품목은 가발과 봉제였으며, 이러한 산업의 바탕에는 구로수출산업공업단지가 있었다. 그러나 빛이 환하면 그림자도 짙다. 구로수출산업공업단지는 1961년 170여 가구의 농지를 강제 수용하면서 설립되었다. 농지를 빼앗긴 사람들은 국가를 상대로 소송을 냈다. 그들은 그것이 반세기 동안 재판정을 표류하며 이어질 힘겨운 싸움이 될 줄은 몰랐을 것이다.

내가 처음 이 소송을 이어받았을 때 어려운 과정이 될 것 같다는 예감이 들었다. 다만 여기서 재판을 더 길게 이어나가는 자체가 농지를 빼앗긴 피해자와 그 유가족들에게 끝나지 않은 고통을 주는 것이라고 생각했다. 담당 재판부 손에 들어왔을 때 반드시 마무리를 짓고자 마음을 다잡았다. 수용 당시 나라 재정 사정이 나빠 어쩔 수 없었던 측면이 있었겠지만, 이제는 우리나라도 그 매듭을 감당하고 풀어 줄 역량이 충분하다 싶었다. 창원지방법원장 부임을 위해 떠나는 하루 전 날 나는 그 약속을 지켰다. 그리고 법정 원고들과 대리인은 모두 눈물을 흘렸다.

판사님, 돈 때문에 이러는 게 아닙니다!

그러나 50년의 억울함을 매듭 자르듯 정리하는 것이야말로 기적에 가까운 일이었다. 우리나라 재판의 90퍼센트 이상은 법률 쟁점때문에 다투는 것이 아니라 '사실관계'에 대한 분쟁이다. 영화 〈라쇼몽羅生門〉의 사례를 굳이 자세히 설명하지 않더라도 어떤 하나의 사실에는 그것을 둘러싼 당사자들 각각의 서로 다른 진실들이 있기 마련이다. 법관은 저마다의 진실 속에서 당사자 사이의 맥락을 알아내야 하고, 그것을 바탕으로 하나의 진실을 밝혀야 할 무거운 짐을 지고 업무에 임할 수밖에 없다.

법관과 당사자들은 눈을 감은 채 열심히 코끼리를 더듬는다. 재판은 판사와 검사와 변호사와 당사자들과 이해관계자들이 직접 만지고 느낀 각각의 사실들을 그러모아 한 마리의 코끼리를 복원하고자 하는 시도다. 그러나 부분의 총합이 전체는 아니듯이, 코끼리의 각 부위를 열심히 더듬었던 각자가 그리는 코끼리 전체의 모습은 저마다 다르다. 이러한 각자의 진실들 속에서 진짜 코끼리를 복원하고자 하는 법관의 일은 어쩌면 인간이 할 수 없는 영역인지도 모르겠다.

그래서 판사가 할 수 있는 일이란 결국 경청하는 것이다. 코끼리를 복원하고자 하는 법관의 가장 기본 덕목은 듣는 것이다. 우리는 심문審問과 신문訊問을 자주 혼동하지만, '들어준다'는 행위가 가지는 무게를 생각해보면 그 둘을 착각해서는 안 된다. 신문은 수사기관 또는 변호사가 어떤 사건의 당사자, 증인 등에게 묻고 조사하는 것이고, 심문은 법원이 당사자나 이해관계자들의 이야기를 듣고 살피는 것이기 때문이다.

30여 년간 재판 업무를 맡으면서 사건의 당사자나 관계자로부터 여러 이야기를 들어왔다. "그깟 돈 몇 푼 얻자고 재판하는 게 아닙니다"라는 말은 사건당사자들에게서 자주 들을 수 있는 하소연

___ 변화하고, 변화되고, 변화시켜가고

이다. 상대편이 진정성 있는 사과 한 마디를, 따뜻한 화해의 말을 건네주면 한이 남지 않겠다는 뜻일 것이다. 어떤 다툼에서 법정에까지 오게 된 까닭은 서로에 대한 불만과 오해들이 쌓이면서 문제가 복잡하게 꼬여 임계점을 넘게 되었기 때문이다. 그 모든 원망을 풀 수 있는 일은 신을 모시는 존재만이 가능할지도 모르겠다.

그러나 나는 이렇게 '돈 때문이 아니다'라고 하는 사건이야말로 깊이 심리해 보면 볼수록 그 근본적인 다툼의 해결책이 돈 자체에 있음을 자주 보게 된다. 각자의 욕심과 셈법이 다르기에 지금도 수많은 사람들이 스스로를 마모시켜가며 서로를 미워한다. 판사란 이와 같이 우리 사회에서 가장 어둡고 복잡한 사연들을 들으며 공정과 합리를 견지해야 하는 일이다. 모든 판사는 그 두려움을 견뎌야 한다.

재판 업무를 맡으며 다음으로 자주 듣는 말은 "알아서 잘해주시겠지요. 저는 억울할 따름입니다"라는 하소연이다. 이른바 '원님 재판'을 해 달라는 것이다. 정의의 여신 유스티티아Justitia는 저울과 칼을 들고 있지만 제삼자가 콩 한쪽을 공평하게 칼로 나누는 방법은 존재하지 않는다. 당사자를 아무리 잘 섬긴다 해도 재판은 그 본질상 한계가 있을 수밖에 없다. 승소 당사자가 있으면 패소 당사자가 있기 마련이다. 반드시 당사자 절반으로부터는 원치 않는 결과가 나온 데 대한 비난을 받는 것이 법관의 숙명인 것이다.

특히 민사재판에서는 이른바 '변론주의' 원칙의 제약을 받아 권리자가 자신의 권리를 주장하고 입증하지 않았음에도 재판장 마음대로 그를 이기게 해줄 수도 없다. 재판장이 마음대로 한쪽 당사자가 주장하지도 않은 것을 인정한다면 상대방은 뜻밖의 불이익을 받게 되니 이 또한 부당하다. '알아서 잘 해주시리라 믿는다'라는 말은 일상에서도 자주 쓰이는 무서운 마법의 주문이다. 모든 판사는 그저 묵묵히 업무를 수행할 따름이다.

판사는 아무 말도 하지 않는다

언젠가 인터뷰에서 '후배들에게 해주고 싶은 조언은 무엇인지'라는 질문을 받았다. 사회적으로 주목받은 어떤 사건의 재판이 마무리되고 나면 담당 법관들의 이름이 사람들에게 자주 언급된다. 그 가운데 상당수는 판결이 재판 과정을 바라본 시민들의 바람과 다를 때 벌어진다. 특히 시민들이 생각했을 때 가벼운 법정형이 선고되었을 때 그렇다. 판사는 재판을 바라보는 시민들의 이야기도 들어야 한다.

법관은 자신의 앞에 선 이들의 사연을 들었다. 그럼에도 어떤 사적인 감정에 휘둘리지 않고 선고를 해야 한다. 어쩌면 그 한 마디가 자신의 앞에 선 이들의 내일을 크게 흔들지도 모른다. 문득 자신이 올바른 판단을 내렸는지 회의가 들고, 그렇다면 과연 올바르다는 것은 무엇인지 하는 의문이 든다. 보통은 이러한 의심들을 다잡기 위해 선례와 같은 강력한 준거를 찾게 된다. 그리고 그 판단에 대해 현장의 분위기와 시민들의 상식이 다르다는 것을 깨닫게 되면 모두를 만족시킬 수 없는 '판사의 운명'이라고 체념한다. 판사는 한 마디의 선고를 위해 수백 마디의 사정과 동기를 끝까지 빠뜨리지 않고 챙겨 들으려 노력하는 존재다. 말이 많으면 실수가 잦아지듯이 말이 적으면 오해가 잦아진다. 때때로 판사에게도 변호사가 필요하다는 생각이 든다.

한편으로 판사는 자신의 판단에 변명을 하지 않아도 되고, 변명을 할 수도 없는 존재다. 오직 법에 근거해 공정과 합리로 판단을 내릴 뿐이다. '판사는 판결로 말한다'는 법언은 그래서 여러 의미를 담고 있는 명문이다. 다시 말하지만 판사는 '판단을 하는 일'이라는 뜻을 가졌다. 법관은 판단을 해야 한다. 선배들의 판단인 선례를 참고하는 것이 축적된 지혜를 듣는 것인지, 자신이 내릴 한 마디의 무게감을 견디지 못해 어떤 권위로 도피하는 것은 아닌지 돌아봐야 한다. 그래서 굳이 후배들에게 해주고 싶은 조언이 있다면 이런 것이다. 두려워할 것. 그리고 두려워하지 말 것.

언젠가 이러한 법관의 모든 판단은 심판을 받는다. 법관의 가장 냉정한 평가자는 상급심도, 법원장도, 재판을 바라본 시민들도 아닌 후임 재판부다. 하나의 재판이 끝나면 판사는 사라진다. 그래야 심판을 받을 수 있기 때문이다.

___ 변화하고, 변화되고, 변화시켜가고

20. _____ 유전무죄 무전유죄라는 신화

영화나 드라마와 같은 창작물들에는 흥행을 위해 공식처럼 반드시 삽입하는 장면들이 있다. 예전에는 말초적인 구석을 건드리는 재벌가 사람들의 출생의 비밀이나 관객의 눈물샘을 자극하는 노장의 마지막 패배였지만, 근래 들어서는 부패한 판사나 검사가 어둠 속에서 권력자와 눈빛을 교환하며 음흉하게 웃는 모습으로 바뀐 듯하다.

법조계는 방금 배달이 출발했다고 해명하는 중식요리집보다 더 많은 불신을 받는 분야다. 시민들에게 자세하게 설명하기보다는 권위적인 모습으로 그간 일관했던 것은 아니었는지 반성해야 하겠지만, 그럼에도 어떤 지점에서는 오해임을 밝히고 싶다.

법원을 둘러싼 두 가지 신화가 있다. 하나는 '전관예우'다. 판사나 검사로 오래 재직하다가 변호사로 갓 개업한 사람이 맡은 소송은 유리하게 판결이 내려진다는 일종의 특혜에 대한 의혹이다. 현역 법조인과 재야 법조인과의 친밀도를 학연과 지연 등으로 정리해 데이터베이스화해서 제공하는 사이트까지 등장하기도 했다. 소송을 위해 변호사 사무실을 찾는 이들 또한 한 사람의 미래가 걸린 중대한 다툼에서 조금이라도 나은 위치에 서고 싶어 '전관예우'를 기대하기도 한다. 실제로 2011년 5월부터 판사와 검사로 재직했던 변호사가 마지막으로 근무한 법원 및 검찰청 등 국가기관의 사건을 일 년간 수임할 수 없도록 하는 내용의 변호사법 개정안이 시행되기도 했다.

상당한 기간에 걸쳐 여러 사건을 다양하게 경험해 본 이른바 전관에 대해 사건 당사자의 신뢰가 높은 것은 인지상정이고, 이에 따라 사건도 저절로 몰리는 것 또한 분명한 현실이다. 하지만 지금 여기 2018년 한국에서 상급심이 엄연히 존재함에도 전관이라는 이유만으로 편파적으로 수사하거나 재판할 법조인은 없을 것이라고 감히 단언한다. 오히려 지금은 '전관학대'라는 반대의 뜻을 가진 신조어까지 나도는 상황이기도 하다.

우리는 과거로 현재를 미루어 짐작하고 눈에 띄지 않을 뿐 '전관예우'가 여전히 군건하게 존재해 법을 교란하고 있다고 믿는다.

___ 변화하고, 변화되고, 변화시켜가고

예전과 달라진 법정의 풍경을 바라보면서도 무언가 우리가 모르는 거대한 이면의 힘이 은밀하게 법원 주변을 통제하고 있다고 생각하기도 한다. '나만 빼고 다 아는 은밀한 사실'은 한국인들이 가지고 있는 트라우마이기도 하다. 이러한 오해를 풀 수 있는 방법은 간단하고 또 유일하다. '전관'이 배출되지 않는 시스템을 구축하는 것이다.

법정에서마저 유전은 무죄일까?

1988년 10월 공주 교도소로 이송되던 지강헌이 탈주했다. 권력자들은 거액을 횡령하고도 곧 풀려나오는 데 비해 500여 만 원을 절도한 죄로 징역 7년, 보호감호 10년까지 17년을 선고받은 자신의 처지를 비관했기 때문이다. 당시 지강헌과 일행 네 명이 벌인 탈주극은 국민에게 많은 주목을 받았고, 그 일행 가운데 한 명이었던 강영일이 건넨 '유전무죄 무전유죄有錢無罪 無錢有罪'는 당시 한국을 대표하는 유행어가 되었다.

이로부터 30년이 지났지만 여전히 한국사회에서는 '유전무죄 무전유죄'라는 말이 유행 중이다. 2017년 1월 엠브레인의 설문조사에 따르면 한국인의 71.4퍼센트는 유전무죄 무전유죄가 한국

사회에 적용되고 있다고 답했다. 그리고 지강헌 일행이 "유전무죄 무전유죄"를 부르짖었던 때인 30년 전과 비교했을 때 그다지 차이가 없거나 오히려 상황이 나빠졌다고 느끼고 있는 국민은 94퍼센트에 이르렀다.

법원을 둘러싼 또 하나의 신화는 '유전무죄 무전유죄'다. 이른바 재벌이나 권력자들이 국민들의 정서가 기대했던 것보다 훨씬 가벼운 양형을 선고받았을 때 특히 이러한 의심들이 폭발적으로 번진다. 이와 같은 반응은 어제 오늘 생겨난 것이 아니라 오랜 연원을 가지고 있으며, 한국적인 현상만도 아니고 전 세계적으로 쉽게 볼 수 있는 광경이기도 하다. 예를 들어 유전무죄 무전유죄와 비슷한 이야기로 '옥수수로는 닭이 넘치는 법정에서 정의를 바랄 수 없다Corn can't expect justice from a court composed of chickens'나 '지옥에 떨어질 일도 돈으로 좌우된다地獄の沙汰も金次第' 등의 외국 속담을 쉽게 찾을 수 있다. 이러한 의심의 밑바닥에는 이른바 돈이면 다 된다는 배금주의적 사고를 혐오하면서도 동시에 긍정하는 모순적인 태도가 도사리고 있다.

1994년 미국 프로풋볼 선수 출신의 배우 오린설 제임스 심프슨은 니콜 브라운 심프슨과 론 골드먼이 살해된 사건의 유력한 용의자로 지목되었다. 여러 증거물과 정황은 그를 살인사건의 범인이라고 거의 확정짓게 했다. 그러나 심슨은 천문학적인 비용을 들여 변호인단을 구성해 그들의 역량으로 형사재판에서 무죄를 받았다. 이른바 'OJ 심프슨 사건'이다.

분명히 심슨이 불리한 상황에서 무죄 판결을 받은 데에는 거액의 변호사 비용을 댈 수 있는 그의 재력이 있었다. 그러나 그가 형사재판에서 무죄를 받을 수 있었던 까닭은 단지 재산이 많다는 이유에서 법정이 그를 보호하려 했다거나 또는 배심원단이 그에게 어떤 그릇된 경제적 보상을 약속받았기 때문이 아니다. OJ 심프슨이 배심원들에게 주변의 다른 이가 진범일 수 있다고 암시하며 당시 LA의 인종차별문제를 끈질기게 호소할 수 있었던 변호인단을 구성했기 때문이다.

이러한 사례와는 조금 다르겠지만 실제로 재판에서 당사자의 재력은 판결에 영향을 주기도 한다. 예를 들어 친고죄가 적용되지 않는 범죄에서 피해자와의 합의는 형량에 영향을 끼치기도 한다. 합의라는 제도는 피해자의 피해를 조금이라도 구제하려는 데에서 마련되었기 때문에 법정에서 이를 무시할 수만은 없다. 이 또한 '유전무죄'라고 할 수 있지만 우리가 '유전무죄 무전유죄'라는 단어에서 떠올리는 부패나 암합이라는 신화와는 무관하다.

한편 사람들은 재벌이나 유력 정치인들이 감형 또는 사면을 받아 곧 사회로 복귀한다는 뉴스를 접하고 정의에 대해 회의하며 사법부를 강하게 질타한다. 심하게는 해당 사건을 맡았던 판사의 실명이 인터넷을 떠돌며 조리돌림을 당하기도 한다. 그러나 사면과 복권은 헌법 제79조 1항에 근거한 대통령의 권한이다. 이 또한 '힘이 곧 정의'인 세상이라고 한탄할 수 있겠지만, 사법부가 배금주의에 빠져 본분을 망각했다는 의심과는 전혀 사정이 다르다.

사법부는 유전무죄 무전유죄와는 정 반대 방향에 놓인 비판을 받기도 한다. 같은 범죄를 저질러도 법정은 처지가 딱한 약자나 소수자들을 상대적으로 너그럽게 대한다는 의심이다. 특히 근래 들어 포털사이트 뉴스의 댓글들을 보면 피고인이 여성이기에 가벼운 양형을 받으며 수사기관과 언론의 비호를 받는다고 느끼는 사람들이 늘어난 듯하다. 힘이 있는 권력자이기에 쉽게 풀려났다고 분노하는 한편으로 어떤 중범죄자가 힘이 없는 약자이기 때문에 시민들의 기대보다 가벼운 양형을 받았다고도 분노하는 것이다.

'유전'에게 '무죄'를 선고하는 이들은 과연 누구일까?

유전무죄 무전유죄라는 말이 신화라고 했지만 지금까지 길게 이야기했던 바는 '돈으로 해결될 수 있는 현상'이 사법부의 부패나

199

법관들의 부족한 자질 때문이 아니라는 것을 해명하는 데 국한되었다. 오늘날 우리 사회는 분명히 돈이 있는 사람들이 보다 유리한 출발선에 놓이고 보다 유리한 조건에서 이득을 취하는 구조인 것이 사실이다. 이른바 강남 8학군으로 상징되는 교육 부문부터 배우자의 연봉부터 따지고 들어가는 결혼 풍속에 이르기까지 배금주의와 그것에서 비롯된 불공정한 경쟁에 대한 회의는 한국사회 전반에 퍼져 있다. 청소년들부터 일찌감치 '일진'이라고 하는 서열 짓기를 당연시 여기고 있다. 오늘날 '금수저 대 흙수저', '갑을관계' 등과 같은 유행어는 우리 사회가 가진 한계를 선명하게 보여주는 상징이다.

이처럼 불평등이 만연하는 사회인만큼 법 앞에서만큼은 평등해야 한다는 마음가짐을 법조인들은 잊지 말아야 한다. 한편으로 법이 사회의 근간이라면, 법정에서 유전무죄 무전유죄와 같은 말이 조금이라도 나오지 않도록 하기 위해서는 단순히 사법 시스템을 손보는 데에서 그치지 않고 우리 사회에 대한 치열한 자기성찰이 함께 이뤄져야 할 것이다. 당연한 이야기겠지만, 우리는 종종 보고 싶은 것만 보고 듣고 싶은 것만 듣기에 당연한 것을 잊어버리고는 한다.

21. _____ 판사가 소송을 준비하는 사람들에게 보내는 조언

위압감. 한 번이라도 경찰서나 검찰청, 법원에 출입해본 경험이 있는 이들이라면 공감했을 감정이다. 잘못한 것이 전혀 없는데도 법관이나 경찰들 앞에서는 괜히 움츠러드는 것이 인지상정이다. 게다가 법이라는 단어가 동원되는 상황은 대개 극단적인 갈등이나 자연재해처럼 들이닥친 사건인 경우가 많으므로 당사자들은 냉정한 대응이나 정상적인 사고를 하기가 매우 힘들다. 일반적으로 사건의 당사자는 어느 정도 시간이 지난 다음에야 억울함을 호소하며 과거의 대응을 후회한다.

30년 가까이 많은 사건을 다루면서 판사로서 재판 당사자들에게 해줄 수 있는 조언에 대한 요청을 많이 받았다. 그때마다 건넸던 조언들을 일곱 가지 사자성어로 간단하게 정리하고자 한다.

___ 변화하고, 변화되고, 변화시켜가고

억울한 이들에게 필요한 일곱 가지 조언

둔필승총^{鈍筆勝聰}. 육하원칙에 입각해 사건과 관련된 모든 사실을 시간 순서에 따라 정리할 수 있어야 한다. 일상과 사유를 꾸준하게 기록하는 일을 습관으로 삼았다면 캠코더 블랙박스를 켜고 운전하는 것처럼 어떤 돌발적인 사건과 맞닥뜨리더라도 크게 당황하지 않을 수 있다. 모든 일에 원인 없는 결과는 없다. 아주 사소한 원인이라도 문제를 해결하는 데 큰 도움을 줄 결정적인 단서가 될 수 있다. 시간 순으로 천천히 정리해 기록하다 보면 저절로 차분한 성정을 유지할 수 있게 되므로, 자신이 처한 상황을 보다 객관적이고 냉정하게 바라볼 수 있게 된다.

여기서 주의할 점은 평소 축적하는 기록에서, 그리고 그 기록을 바탕으로 짚어보는 진술에서 꾸미는 바가 없어야 한다는 것이다. 기록은 진실해야 비로소 그 효력을 인정받는다.

지피지기^{知彼知己}. 재판에 임할 때에는 자신이 처한 상황에 대한 정확한 분석과 함께 자신이 재판에서 원하는 바에 대한 솔직한 답이 있어야 한다. 그다음으로 상대방의 주장을 확인하고 사실에 입각해 냉철하게 분석할 수 있어야 한다. 그리고 그 분석 결과를 토대로 자신의 주장을 다시 정리하고 적절한 반박 증거를 수집해야 한다. 이 과정에서 가장 중요한 부분은 상대방 주장의 핵심을 빠르게 파악해야 한다는 것이고, 상대방이 그 주장을 통해 무엇을 원하고 있는지 가늠할 수 있어야 한다는 것이다.

역지사지易地思之. 상대방을 효과적으로 파악할 수 있는 방법은 입장을 바꿔 생각해보는 것이다. 상대방의 입장에서 사건을 바라보면 그간 보이지 않은 것들이나 여상하게 넘겨왔던 것들이 새롭게 보일 수 있다. 만약 상대방의 주장에 상당 부분 설득력이 있는 논거가 갖춰졌다고 느꼈다면 그간 설정했던 방식을 바꿔 보다 긍정적인 자세로 협상할 수도 있어야 한다. 무조건 자신의 입장을 관철하려고 하다가는 호미로 막을 것을 가래로 막게 될 수도 있다.

호질기의護疾忌醫. 호질기의는 병을 숨기고 의원에게 보이기를 꺼린다는 뜻이다. 막 바둑을 시작한 이도 이세돌 9단에게 훈수를 둘 수 있지만, 정작 자신이 바둑을 둘 때에는 이세돌 9단과 같은 고수 중의 고수라도 때때로 판단력이 흐려지고 실수를 하게 된다. 자기 객관화는 무척 어려운 일인 데다 소송과 같은 극단적인 갈등 상황에서는 더욱 힘들어진다. 따라서 법정에서는 스스로 모든 사안을 판단하려고 하기보다는 믿을 만한 전문가로부터 도움을 받는 것이 상책이다.

도움을 요청할 때 가장 중요한 점은 자신을 도와주려는 이에게 진실을 숨겨서는 안 된다는 것이다. 변호사가 의뢰인에게 원하는 것은 사건과 관련된 모든 정보에 대한 공유다. 그래야 소송에서 전략이라는 것을 제대로 세우고 대처를 궁리할 수 있다. 법은 의료와 마찬가지로 자신이 처한 어려움을 소문내야 해결할 방도가 나타난다.

변론주의^{辯論主義}. 재판장은 당사자 주장의 범위 내에서만 판단한다. 법관은 경기장 안에서 호각을 부는 심판이지 선수가 아니다. 별다른 준비 없이 '어련히 헤아려 주시겠지'나 '정의는 살아 있으니까'와 같은 막연한 기대로 법정에 들어서서 억울함을 토로하는 데에만 치중하는 것은 자신이 원하는 판결을 받는 데 전혀 도움이 되지 않는다.

경기를 이기기 위해서는 선수 스스로 노력해 진심을 다해야 한다. 재판에서 승리란 담당 법관을 논리와 증거로 설득하는 데 성공했다는 것이다. 꼭 법관이 아니라도 누군가를 설득하기 위해 감정에 호소하는 것은 그다지 효과적이지 않은 방법이다.

적선지가積善之家. 화해하고 양보하면 언젠가 보답을 받는다. 법적 분쟁이 지속될 때 최종심을 각오하는 마음가짐과 무조건 삼세판을 고집하는 태도는 엄연히 다르다. 일찍이 병법을 논했던 손무孫武는 "무쟁無爭이 상지상책上之上策"이라고 했다. 전쟁을 앞둔 상황에서 가장 상책은 싸우지 않는 것이고 가장 하책은 격렬하게 싸워이기는 것이다. 법적 분쟁에서도 최선의 길은 조금 손해를 보더라도 조기에 협상과 화해로 분쟁을 끝내는 것이다. 소송은 이기든지든 모든 당사자들의 몸과 마음을 지치게 한다.

최악의 선택은 억울함을 해소하기 위해 불법적인 방법을 동원해 해결하려는 것이다. 법적인 분쟁은 어디까지나 법의 틀 안에서 해결해야 한다. 어처구니없는 이야기 같지만 피해자로 시작해 가해자로 끝나는 상황은 주변에서 흔하게 볼 수 있을 것이다.

사필귀정事必歸正. 조금 돌아갈 수는 있지만 모든 일은 결국 옳은 방향으로 끝나게 되어 있다. 소송에 임할 때 진실한 측이 승리한다는 믿음을 가져야 한다. 예외가 있지 않느냐는 물음을 부정할수는 없다. 그러나 사람의 마음은 결코 숨길 수 없다. 자신의 마음에서부터 결과가 좋지 않을 것이라고 미리 지고 들어가는 태도는함께 재판정에 들어선 다른 이들에게 전염되기 마련이다.

또한 소송을 진행한다는 것은 결코 쉽지 않은 과정을 참아내야 함을 의미한다. 소송에서 원하는 바를 얻더라도 만신창이가 되는 경우가 허다하다. 법정에 들어서는 것만으로도 억울한데 몸과 마음까지 상할 수는 없다고 생각하자. 스포츠 경기를 봐도 간절하면서도 긍정적인 선수가 승자가 되는 경우가 많았다.

빗길은 서로의 어깨를 적시며 함께 가는 것이다

이렇게 정리했지만 재판에 임했을 때 가장 중요한 무기는 선한 의지로 문제를 해결하고자 하는 태도라고 생각한다. 소송은 결국 사람과 사람이 진행하는 '사람의 일'이다. 예외도 있을 테지만 대체적으로 자신의 반대편에 선 사람은 사이코패스나 도시의 뒷골목을 배회하는 둔갑괴물이 아니다. 바로 내가 괴물이 아니듯이 말이다.

비가 올 때 상대방에게 우산을 씌워주면 비록 당장은 어깨가 젖을지 몰라도 우산을 사이로 함께 빗길을 걸어갈 수 있게 된다. 만약 더 큰 비를 만났을 때에는 함께 걷는 이와 서로 의지하며 길을 갈 수도 있을 것이다. 현재의 나는 과거의 결과이고 미래의 원인이라는 말이 있다. 어려움이 닥친 지금 조금만 양보하고 상생의 씨앗을 심는다면 언젠가 분명 원하는 열매를 얻을 것이라고 믿는다.

많은 사람들이 오해하지만 법원은 판결만을 내리는 곳이 아니라 조정이라는 이름의 결론이 만들어지는 곳이기도 하다. 오늘날 법정 또한 일도양단의 판결을 지나 '대체적 분쟁해결방식Alternative Dispute Resolution'이 주목받고 있는 추세다.

나는 당사자들을 마주 보는 입장으로 삼십 년을 보냈다. 제삼자로서 당사자들이 재판정이나 판사실에 오기까지 어떤 곡절을 겪었으며, 어떤 절절함을 품고 내 앞에 섰는지 모두 이해한다고 말할 수는 없을 것이다. 하지만 일정한 거리가 확보되어야 비로소 건넬 수 있는 조언도 있다고 믿는다. 그리고 수많은 사람들의 사연을 지켜본 결론은 결국 이것이었다. 한 번 더 참고, 조금씩 양보하는 것이 분쟁에서 언제나 더 나은 결과를 이끌었다.

8장

바보판사가 바란
감성과 이성의 법정

22. _____ IT 스마트법원은 이렇게 시작되었다

어렸을 때부터 호기심과 상상력이 유별났다. 로버트 프로스트^{Robert} ^{Frost}의 시처럼 남이 "가지 않은 길^{The Road not Taken}"을 즐겼다. 하늘을 올려다보기를 좋아했고 길가에서 가만히 무언가를 관찰하곤 했다. 중학생 때까지만 해도 나의 장래희망은 로켓 개발자였다. 다만 인연이 아니었는지 과학자가 되고 싶었던 소년은 하얀 실험가운 대신 검정색 법복을 입게 되었다.

이러한 호기심은 눈썹이 하얘진 지금까지도 여전한 것 같다. 2016년 발목이 골절됐을 때, 섭씨 80도 이상의 열에서만 진흙처럼 바뀌는 특수소재로 제작한 벌집 모양의 깁스를 처음으로 착용했다. 당시 미인가 의료제품이라 개발자께 부탁해서 실험대상이 되겠다고 했다. 그 깁스를 한 상태로 국방부 강연을 위해 제네시스를 운전해 부산에서 서울까지 800킬로미터가 넘는 거리를 왕복운행했다. 주변에서는 만류하기도 했지만 자율주행의 일부 기술이 구현된 차라고 하기에 직접 실험을 해보고 싶었다.

사회생활을 하다 보니 나에게도 몇 가지 별명이 붙었다. 그 가운데 가장 마음에 드는 것은 '바보판사'다. 어려운 사건을 마다하지 않기 때문이기도 하지만, 손익 계산에 그다지 이악스럽지 못한 타고난 천성 탓이기도 하며, 호기심을 이기지 못하고 남들이 가지 않은 길에 선뜻 발을 내밀기 때문이기도 하다. 이러한 내 성정이 한국 법원의 정보화에 조금이나마 기여를 한 것 같다. 그래서 나는 내게 붙은 '바보판사'라는 별명이나 '법조계 IT 전문가'라는 호칭에 어떤 자긍심을 느끼기도 한다. 지금부터 나는 그 별명들을 핑계 삼아 한국 사법정보화의 작은 역사에 대해 정리해 본다.

한국 사법정보화의 마중물을 보면서

1985년 법무관 훈련을 마치고 육군사관학교에서 교수부 법학과 교수로 근무를 했을 때였다. 그때 더미터미널(데이터를 입출력하는 단말기)을 처음으로 접했다. 생소한 기기를 보고 신기해서 전산장교들에게 물어보니 '컴퓨터'라고 하는 것이었다. 워드프로세서 기능을 처음 본 날은 충격으로 밤새 잠을 이루지 못했다. 녹색 커서가 깜빡이며 지우면 당겨지고 다시 쓰면 끼어드는 모니터 속 모습이 도깨비 방망이와 같아 보였고, 빨리 내일을 맞아 다시 확인하고 싶었다.

그날 이후 전산장교들의 도움을 받아 파스칼^{Pascal}과 같은 프로그래밍 언어부터 여러 실용적인 컴퓨터 툴에 이르기까지 전산기술들을 두루 습득했다. 최초로 컴퓨터와 만났을 당시 육군사관학교에서 함께 근무 중이던 전산장교들은 최신 전산학 정보를 습득한 이들 가운데에서도 엄선해 선발된 인재들이었다. 나로서는 필요할 때 운 좋게 가장 좋은 스승을 만난 셈이었다. 파스칼 언어로 간단한 바이오리듬 프로그램을 만들어 100년 간 바이오리듬 결과지를 출력해봤던 기억이 지금도 생생하다. 돌이켜보면 그날 최초로 컴퓨터와 마주했던 경험이 나의 앞날을 결정했다.

어느 정도 워드프로세서에 자신이 생긴 다음에는 군복무 중인 사법연수원 14기 동기생 군법무관들의 인적사항이 기재된 주소록을 가나다 순으로 정리해 중앙컴퓨터에 연결된 라인 프린터로 출력한 다음 각급 부대에 우송하기도 했다. 전역이 다가오던 무렵인 1987년은 권오곤 부장판사, 사법연수원 동기생인 문용호, 성기문 판사 등이 워드프로세서 전용기인 명필이나 르모 등으로 판

── 변화하고, 변화되고, 변화시켜가고

결문을 작성하는 모습이 신문기사로까지 소개되던 시절이기도 했다. 불과 30년 전 이야기다.

조금씩 준비되고 있었던 사법정보화

전역 후 1988년부터 나는 서울지법 의정부지원에서 손지열 전 대법관(이하 경칭 생략)을 초임부장으로 모시고 마음가짐부터 실무에 이르기까지 하나하나 배워가며 배석판사로서 법관생활을 시작했다. 군을 나오면서 그 당시 유행하던 286급 XT 컴퓨터를 사고 싶었지만 소형차 한 대와 맞먹는 가격 때문에 감히 엄두도 내지 못하고 있다가 용산 전자상가에서 조립형 컴퓨터를 겨우 장만했다. 정부가 법관에게 PC를 공급한 때가 1991년이었으니 제법 빠르게 전산화 작업을 시작한 셈이었다. 그때의 기쁨은 가난한 뮤지션이 이를 악물고 참아가며 모은 돈으로 쇼윈도로만 봐오던 전자 기타를 드디어 손에 쥐었을 때와 비슷할 것이다.

그럼에도 IT 분야에 어떤 조급함과 갈증은 사라지지 않았다. 그래서 시작한 것이 잡지 제본이었다. 최신 IT 기술을 습득하기 위해서 관련 잡지들을 닥치는 대로 구입했다. 그 종이잡지들 6개월분이 모이면 광고를 빼버리고 제본선을 절단한 다음 필요한 기사들만 선별해 500쪽 분량으로 간추렸다. 여기서 읽고도 쉬 이해가 안 되거나 두 번 이상 볼 기사들을 추려서 페이지를 매기고 목차를 타이핑한 다음 다시 제본했다. 나만의 공부책으로 만든 것이다. 그렇게 15년 동안 30권의 책을 만들면서 IT 정보와 동향을 파악해오니 어느 정도 흐름이 눈에 들어오게 되었다. 내가 법관이 아니었다면 분명히 주변으로부터 "그런 정성으로 사법고시를 준비했으면 벌써 판사 되었겠다!"라는 타박을 들었을 것이다.

대신 주변에서는 하나둘씩 나를 'IT 고수'라고 부르기 시작했고, 전산과 관련해 어려움을 겪는 사람들이 도움을 청해왔다. 1990년대 중반만 하더라도 PC의 잔고장을 빠르게 해결할 수 있는 서비스가 없었다. 동료 법관들이 컴퓨터를 운용하며 돌발적으로 발생하는 어려움에 처할 때마다 나는 수시로 노트북과 FX용 케이블을 챙기고서 이 방 저 방 불려 다녔다. 그런 배석판사를 두고도 온화하게 지켜보고 지도해 주신 김인수 당시 부장판사의 모습이 지금도 마음속에 남아 있다.

한편으로는 내가 근무하는 사무실에 찾아와 PC를 정리하는 법관들은 예외 없이 얼마 후에 개업을 하게 되어 마치 내가 법관들의 옷을 벗기는 판사처럼 되었다는 우스갯소리가 생기기도 했다.

1990년대 중반 진주지원에 근무했을 당시 법원 정보화의 초석을 놓은 황찬현 당시 부장판사를 천리안 PC통신 법관 동아리 '주리스트JURIST'에서 만난 것도 소중한 인연이다. 이러한 경험을 거치면서 나는 IT를 사법행정에 접목하는 구상을 조금씩 구체화시켜갔다.

본격적으로 시작된 사법정보화

1997년 2월로 기억한다. 나는 법원도서관 조사심의관으로 부임했다. 고맙게도 전임자였던 김용호, 문용호, 황한식 세 판사들이 한상호 당시 법원도서관장의 지도 아래 이미 원대한 종합법률정보센터로서의 밑그림을 만들어놓았던 상황이었다. 특히 문용호 심의관은 한글과컴퓨터사 담당자들도 놀랄 정도로 고난도의 매크로 기법을 총동원해 판례공보 편찬 작업을 완성시켜 후임자들이 제때에 판례공보를 전자출판하는 데 큰 도움을 줬다.

　나는 조사심의관으로 일한 지 일주일 만에 강봉수 당시 관장의 정열이 담긴 DOS형 LX를 야마하 1배속 CD 라이터기를 이용해 마스터 CD로 만들었다. 그리고 이 CD 한 장 형태의 종합적인 DB를 전국에 공개했다. 이어서 종합법률정보 프로젝트가 시작되면서 나는 총괄 책임자를 맡게 되었다. 동시에 법률 시소러스 프로젝트, 종합법률정보센터 마스터플랜 작성 프로젝트 등이 시작되었고, 여기에 민형사 부분 판례공보 작업과 대법원 판례집, 하급심판결집 편찬업무도 같이 담당하게 되었다. 시간이 어떻게 가는 줄도 모를 정도로 바쁜 나날이었지만, 돌이켜보면 전산담당관실과 한덕렬 담당관의 전폭적인 협조 아래 법원도서관 사법정보팀과 한마음으로 신나게 일한 시간이었다.

1997년 하반기에 접어들면서 최영로 판사가 김상근 판사의 뒤를 이어 조사심의관실에 합류해 강봉수 법원도서관장과 함께 법고을 LX Windows 버전 개발에 착수했고, 이어서 이상현 법원도서관장이 후임 도서관장으로 취임했다.

최영로 판사는 법고을 LX의 마스터 CD가 완성된 날인 1998년 3월 31일자로 조사심의관직을 그만두고 수원지법으로 발령이 났다. 짧은 기간이었지만 최영로 판사가 아니었다면 마무리 난제를 해결할 수 없었을 것이다. 이후 송우철 판사가 최영로 판사의 후임으로 법원도서관 문헌관리 프로그램, 일한번역 프로그램 등의 사업을 진행했다. 돌아보면 김용담 수석재판관을 모시고 법원도서관에서 종합법률정보 버전 1.0 시험판을 공개 시현하던 기억이 새롭다. 종합법률정보는 1998년 9월 성공리에 개통해 한국 초유의 본격적인 클라이언트 서버(C/S) 기반 법률정보 DB라는 기록을 세웠다.

한덕렬 담당관 시대까지를 사법정보화 제1세대 내지 1.5세대라고 한다면, 그 뒤를 잇는 민병훈, 전원열, 최재혁, 백강진, 이숙연 판사들이 몸담았던 시기를 정보화 제2세대라 부를 수 있을 것이다. 쉽게 세대를 구분 지으라는 듯 담당부서의 명칭 또한 이때를 기점으로 정보화담당관실에서 정보화심의관실로 개편되었다.

정보화 2세대 시절의 주요 업적으로는 사법정보화 마스트 플랜을 재작성하고, C/S 버전의 각종 프로그램을 웹 기반으로 전환하고, 형사사법망을 구축하는 데 직접 참여한 일들을 꼽을 수 있다. 그리고 무엇보다도 이 시기에 '전자법정' 작업이 본격적으로 출발했다.

또한 법원도서관의 조사심의관실의 활동도 대폭 강화되어 김소영 심의관 시절에 종합법률정보 개정판 작업이 1차로 이루어졌고, 그 후 법률 시소러스를 보완하고 대외법률정보시스템을 체계적으로 도입하는 한편 법원도서관 소장의 각종 자료의 전자화 등을 꾸준하게 진행해왔다. 서울을 중심으로 한 이러한 정보화 노력에 덧붙여, 지방에서는 광주를 중심으로 정경현 당시 부장판사의 노력에 의해 손해배상 계산을 위한 KK 프로그램이 보급되고 업무용 통합프로그램이 구축되기도 했다.

'함께하는 법정'을 꿈꾸며

1997년 하반기에는 사법연수원 법관연수 주제로 '정보화와 재판실무'가 선정되어 노영보 기획교수를 중심으로 화상재판, 전자법정, 전자파일링 등 당시로는 혁신적인 주제들을 고민하기도 했다. 주제선정작업의 기초자료로 미국 국립주법원행정센터(NCSC) 자료를 많이 참조했는데, 이러한 기초작업이 후일 사법정보화의 방향에 많은 영향을 끼쳤다.

NCSC와는 또 한 번의 인연이 있었다. 1999년 미국 버지니아주 NCSC에 사법정보화 과정 연수를 다녀온 것은 다시 한 번 인생의 전환점이 되었다. 당시 연수를 마치고 귀국할 때 심정은 문익점이 된 것 같은 기분이었다. 빨리 한국으로 돌아가 미국의 선진 시스템을 정리하고 싶었다. 2000년 귀국하자마자 일주일 만에 250쪽 분량의 보고서와 650메가바이트의 자료집 CD를 묶어 대법원에 보고했다. 당시 보고서에는 원격영상재판과 자동번역 프로그램, 음악법정 등 이후 내가 법정에 도입한 각종 실험들이 언급되어 있었다.

그리고 수년간 그 보고서를 심화시켜 2003년 《함께하는 법정》이라는 제목의 단행본을 출간했다. 당시 준비 중이던 전자소송과 전자법정의 모든 것을 750쪽 분량에 담았는데, 훗날 한국 사법부의 전자법정과 전자소송의 기초 설계도가 되었다고 평가받기도 했다.

현재 우리나라에서 전자소송 이용률은 행정소송의 경우 100퍼센트에 가깝고, 민사는 60퍼센트를 넘어섰다. 형사 또한 약식사건 가운데 일부가 전자화되었다. 나는 한국의 사법정보화 수준이 단연코 전 세계에서도 세 손가락 안에 든다고 자부한다. PC나 모바일을 통해 '대법원'에 들어오면 특정 법조인이 아니라 국민 누구나가 데이터베이스로 잘 정리된 '종합법률정보시스템'에서 각종 법 관련 정보들을 아주 쉽게 검색할 수 있다. 또한 세계은행은 해마다 180여 개국 이상 국가를 상대로 기업환경평가보고서[Doing Business Report] 연차보고서를 내는데, 그 가운데 우리나라 사법부는 민사재판 분야 계약이행 평가지수 부분에서 2017년, 2018년 연속 1위를 차지했다. 과거를 돌아보면 감개무량한 일이다.

한국 사법정보화의 청사진

2016년 중국 상하이 인근 우전에서 열린 제3차 세계인터넷대회 사법정보화분과 법관회의에 참석했다가 깜짝 놀랐다. 중국 법원에서 어느새 독자적인 음성인식 기술을 개발해 음성인식기가 법정 재판기록을 하고, 속기사는 그 기록에서 오탈자만 잡고 있었다. 창춘 법원에 근무하던 중국동포 판사들로 꾸려진 팀이 한국 전자소송 시스템 등을 배워갔던 일이 불과 몇 년 전이었다. 이들이 우리의 시스템을 거의 복사하다시피 하는 모습을 보고 심경이 복잡한 한편 내심 자부심을 느끼기도 했다. 그런데 어느새 중국이 우리를 추월해 앞서가는 것처럼 느낀 것이다.

아직 제한적으로 운영되는 것이지만 중국 23개 성 모두가 이 시스템을 이식하는 것은 시간문제일 듯하다. 인터넷을 통한 재판 과정과 판결문 공개 또한 거의 완벽하다고 싶을 정도의 단계까지 접어들었다. 상하이 고급법원의 12368 원스톱 종합민원콜센터도 성공적으로 안착해 365일 24시간 논스톱 운영, 24시간 내 답변 제공 등의 서비스를 중국 국민들에게 제공하고 있다.

이 날의 충격으로 중국을 다시 보게 되었다. 그리고 상황이 역전되어 이제 우리가 중국의 전자법정을 단시일 내에 추월하자는 것이 목표가 됐다. 우리의 사법정보화 사업은 여전히 미래를 향해 계속 진행 중이고, 지금까지 그랬듯이 드러나지 않는 많은 분들이 최선을 다할 것이다. 이렇게 묵묵히 제자리를 지키는 이들이 있는 한 사회와 나라는 반드시 발전한다.

사법정보화의 미래에 대해 구체적인 예를 들자면 우선 음성인식 모듈의 도입을 꼽을 수 있다. 우리나라 사법정보화에서 가장 개선이 시급한 부문은 판사들의 업무 부담이다. 중국은 많은 인구로 인해 한 명의 판사가 담당하는 인구도 만만찮을 것 같지만 실제로는 판사 한 명이 인구 9,000명을 감당한다. 그에 반해 우리나라에서는 판사 한 명이 1만 7,000명을 담당하고 있다. 판사들이 타이핑 작업에서만 해방되어도 업무가 엄청나게 줄어들 것이다. 단순노동시간이 줄어드는 만큼 '판단'이라는 고도의 정신 작업에 더욱 몰두할 수 있게 되고, 보다 근본적으로는 국민들에게 양질의 사법서비스를 제공하고 열린 법원과 열린 재판을 구현하는 데 도움이 될 것이다.

또 하나는 시민을 위한 법률 콘텐츠 정비다. 변호사가 늘어나는 추세와 디지털 기술의 발전에 맞춰 법률 서비스 또한 모바일이나 웨어러블 디바이스 부문에서 크게 강화될 것이다. 소프트웨어적으로는 일상 속에 적용되는 쉬운 법 이야기와 관련된 콘텐츠들이 쏟아져 나올 것이다. 이미 네이버에서는 인터넷 법률 상담 수준이 아니라 건강, 재테크, 웹툰, 책문화 등과 함께 법률 섹션을 따로 만들어 법 상식부터 판례 소개, 문서양식까지 다양한 콘텐츠를 꾸준하게 축적해가고 있다. 이러한 흐름에 발맞춰 사법부에서도 국민들에게 제공할 양질의 법률 서비스와 콘텐츠 공개에 대해 조금 더 고민해볼 필요가 있다.

녹색 커서가 깜빡이던 작은 모니터를 들여다보며 충격을 받았던 때에서 시작해 SF에서나 봤던 인공지능 컴퓨터나 사물인터넷이 이루어지고 있는 시점으로 이야기를 마무리하니 사법정보화를 이루기 위해 노력했던 30년의 시간이 파노라마처럼 다가온다. 이 숨 막히는 정보화 기술의 발전 속도 아래에서 대한민국 사법부 또한 발 빠르게 적응해왔고, 세계적으로 손꼽히는 사법정보화 시스템을 구축해나갔다.

23. ＿＿＿＿＿＿ 전자법정이 주도하는 사법한류

1982년 5월 15일. 경북 구미 전자기술연구소에는 환호성이 터져 나왔다. 전자기술연구소와 서울대학교 사이에 인터넷이 개통된 것이다. 이로써 우리나라는 미국에 이어 세계에서 두 번째로 인터넷을 개통한 국가가 되었다. 1953년 7월 6·25전쟁이 휴전된 지 불과 30년이 채 지나지 않은 시점이었다.

그 중심에는 전길남 박사가 있었다. 전길남 박사는 한국의 해외 과학자 유치 사업 때 가장 먼저 귀국한 과학자 가운데 한 사람이다. 그가 많은 것을 포기하면서 귀국하자 다른 과학자들도 한국으로 대거 귀국했다.

당시 정부에서는 당장 수출이 가능한 컴퓨터 개발에 더 관심이 있었지만 전길남 박사는 일찍이 네트워크의 중요성을 간파하고 1979년부터 네트워크 분야를 파고들었다. 그렇게 한국에서는 1982년 3월 TCP/IP 프로토콜을 쓰고 텔넷으로 연결된 SDN이 탄생했다. 이어서 전길남 박사는 카이스트로 자리를 옮겨 그곳에 네트워크 운영센터를 설치했다. 1983년 10월에는 미국과도 네트워크를 연결했다. 당시 인터넷이란 미국 국방부의 자산이었기에 NATO(North Atlantic Treaty Organization, 북대서양조약기구)의 주요 동맹국들인 영국, 캐나다 정도 외엔 라우터router 하나도 구할 수 없었던 시절이었다. 한국 또한 끝내 라우터 기술을 받지 못했다. 이에 전길남 박사팀은 포기하지 않고 독자적으로 라우터를 구축했다. 연구비가 없어 라우터 장비를 만들 수 없었기에 소프트웨어 방식으로 그 기능을 구현한 것이다.

한국의 SDN은 폐쇄적인 미국의 인터넷 정책을 전 세계와 통하는 오늘날의 방향으로 바꾸게 한 결정적인 계기로도 작용했다. 1986년 한국 SDN 연구원은 X.25프로토콜을 통해 전용선 없이도 인터넷에 연결할 수 있는 방법을 발견한 다음 미국 NIC에 IP주소 할당을 신청하는 메일을 보냈다. 이 사건을 계기로 미국과학재단은 인터넷을 세계에 개방하기로 운영정책을 수정했다. 오늘날 한국이 자타가 부정하지 못하는 인터넷 강국이 된 데에는 이러한 배경이 있었고, 알려지지 않았지만 세계가 인터넷에 의해 하나로 연결된 데에는 한국 과학자들의 분투가 있었다. 우리는 그들이 진정한 영웅임을 기억해야 한다.

우리를 기다리는 세상을 보면서

2017년, 6·25전쟁 참전국인 태국의 최고행정법원에 다녀왔다. 태국 사법부는 초기 전산화 단계를 지나 본격적인 사법정보화를 구축하고 있다. 구체적으로는 사법시스템을 혁신하고자 한국의 사법정보화를 벤치마킹해가며 차곡차곡 준비를 쌓아나가고 있다. 그 연장선에서 태국 사법부로부터 한국의 사법정보화시스템에 대해 강의해 주기를 요청받았다.

초창기 사법정보화가 뿌리를 내리기 위해서는 핵심 요소 세 가지가 갖춰져야 한다. 첫 번째로 적정한 예산이 확보되어야 한다. 두 번째로 사법정보화 사업을 진행하는 구성원들에게 열정이 있어야 하고 많은 인재들이 참여할 수 있는 분위기가 조성되어야 한다. 세 번째는 법조계 내외부에서 사법정보화라는 만만찮은 혁신 과정이 무사하게 진행되기 위한 공감대가 확보되어야 한다.

한국의 사법정보화 수준은 세계 최정상 수준이다. 수많은 법조인들이 아직 정보화 자체에 대한 인식이 미미했던 시절부터 꾸준하게 관심을 기울여온 덕분이다. 이러한 작업에 조금이라도 보탬을 한 데 대해 자부심을 느낀다. 한국의 사법정보화가 높은 수준이라는 데에 대해서는 전 세계 사법부에서도 이의가 없다. 그래서 동남아시아를 비롯한 제3세계 지역의 법조계에서는 한국 사법정보화를 벤치마킹해 자국의 사법 시스템을 혁신하려는 욕구가 어느 때보다 크다.

한편 중국은 이미 상하이와 항저우 등 거점도시 일부에서 막대한 예산을 투입해 사법정보화 작업에 집중하고 있다. 이전에 우리의 시스템을 적극적으로 참조했던 시기를 지나 음성인식 기술 등 몇몇 부문에서는 이미 우리나라의 정보화 수준을 넘어서기도 했다. '세계은행 민사재판 분야 계약이행 평가지수'에서 순위권 밖이던 중국이 2017년 평가에서 5위로 급상승해 1위인 한국 사법부 위치를 넘보는 것도 이와 같은 발 빠른 사법정보화 구축에 따른 결과라고 할 수 있다.

사법한류는 꿈이 아니다

모든 콘텐츠를 한류로 연결 짓는 것은 자칫 국수적인 태도로 비칠 수 있다. 그러나 대중들에게 알려지지 않았을 뿐 우리에게 이미 충분한 기술과 깊은 역사를 바탕으로 세계적인 흐름을 주도하고 있던 콘텐츠들이 있음을 알릴 필요는 있다고 생각한다.

나는 케이팝K-POP이나 한국 영화를 볼 때마다 사법한류K-Law를 상상해보곤 한다. 공연한 상상이 아니다. 지금까지 쌓아온 한국 법원의 사법정보화 경험에 민간 정보화시스템 개발(SI) 업체의 노하우와 우수 인재를 결합하면 이른 시일 내 다른 국가에도 우리 사법정보화 시스템을 수출할 수 있을 것이다. 주州마다 법이 다른 미국과 달리 단일한 중앙체제를 가진 국가들은 정보화의 적용에도 유리할 것이고, 우리나라의 사법정보화 시스템을 벤치마킹하는 데에도 크게 어려움이 없을 것이다.

유럽과 일본은 법관의 업무 부담이 한국에 비해 덜하다. 부러운 환경이지만 한편으로는 사법정보화 욕구가 상대적으로 덜하고 발전 속도 또한 느리다. 업무 환경이 나쁘지 않아 딱히 그럴 필요성을 느끼지 않기 때문이다. 그에 반해 한국의 법관들은 1인당 국민 1만 7,000명을 담당하고 있다. 그만큼 처리해야 할 분쟁 건수가 많아 지금도 고강도의 업무를 감내하고 있다. 중국의 법관 1인당 국민 9,000명인 수준과 비교해도 굉장히 열악한 환경이다. 역설적으로 우리는 법관 인원이 극히 부족하고 업무는 산적해 있기 때문에 사법정보화라는 활로를 찾아 개척해왔다. 이 축적된 경험을 정식으로 수출해보는 것을 상상해본다. 이미 많은 국가에서 우리를 벤치마킹하고 있기도 하다.

예산은 장기 차관 형태의 패키지로 제공하는 방법을 강구할 수 있다. 다양한 지역의 국가들을 한국의 든든한 외교 우방으로 두는 데 이보다 더 좋은 방책이 있을까 하는 기대감도 든다. 시스템이 한 번 구축되면 지속적으로 관계가 이어진다. 한국의 앞선 정보화 노하우를 전수받은 태국 사법부는 한국 법원을 사법정보화의 모범으로 삼게 됐다. 이는 양국 간 지속적인 사법 교류의 토대가 만들어졌음을 의미한다. 앞으로도 국제적인 협력과 교류가 늘어난다면 이것이 바로 사법한류의 작은 디딤돌이 되리라 확신한다.

앞서 소개한 전길남 박사의 에피소드에는 한 가지 아쉬운 점이 있다. 그렇게 빨리 시작되었으면서도 한국이 SDN의 혜택을 누린 시기는 1990년대에 이르러서였다는 것이다. 한국 정부는 일 년 운영비용인 20만 달러조차 지원해주지 않았다. 그 비용은 뒤늦게나마 인터넷 기술의 미래를 알아본 한국통신이 대신 부담했다. 이렇게 열악한 상황에서도 연구원들은 자신의 자리에서 최선을 다했다. 다만 조금 더 지원이 일찍 이뤄졌으면 어떤 미래가 전개되었을지 상상해본다. 어떤 지원은 빠르면 빠를수록 좋다.

― 변화하고, 변화되고, 변화시켜가고

24. _____ 감성이 있는 법정.

법정에서 위로를 받을 수는 없을까?

"법정은 시민을 위해 어떤 모습으로 바뀌어야 할까?" 여느 법관이 그렇듯이 나 또한 초임법관 시절부터 바람직한 법정은 어떤 모습이어야 할지 고민해 왔다. 중간 답안으로 내놓은 결론은 두 줄기의 법정 철학이다. 바로 전자법정과 예술법정이다. 전자법정이 업무 효율화를 위한 이성의 영역이라면 예술법정은 합리적인 업무 처리만으로 채워지지 않는 국민들의 빈자리를 다독이는 감성의 영역이다.

'예술법정'이라고 하면 누군가는 거부감을 느낄지도 모르겠다. 입에서 침이 마르고 속이 타들어가는 공간에서 예술을 이야기한다는 것이 속 편하게 보이기 때문이다. 그리고 다른 누군가는 모순된 점을 지적할지도 모르겠다. 예술이라는 감성의 영역과 법학이라는 논리의 영역은 함께 끌고 가기 힘든 두 마리 토끼이기 때문이다.

나는 오래전부터 꾸준히 전자법정을 어떻게 수용하고 정착시킬 것인지, 정보화시대 법조인의 바람직한 자세는 무엇인지 등 바람직한 법정의 물적, 인적 인프라의 구성에 대해 고민했다. 많은 사람이 각고의 노력을 함께해준 덕분에 이러한 고민은 사법정보화나 전자법정으로 정착되었다고 믿는다.

그러나 최첨단인 물적 인프라에도 불구하고, 법원을 둘러싼 어떤 풍경들은 여전히 변함이 없었다. 쭈뼛거리면서 법원을 방문하는 시민, 숨 막히는 분위기의 법정, 저마다 억울함과 스트레스가 잔뜩 묻어 있는 당사자들의 어두운 안색 등, 이런 이미지의 법원을 떠올리면 우선 가슴부터 답답해진다. 성장 위주의 사회가 일정 궤도에 오른 이후에는 그간의 반성과 더불어 문화에 집중하듯이, 사법부 또한 물적 인프라 다음을 고민해야 하지 않을까 생각했다. 국민들이 법원을 들를 때 몸의 경직을 풀고 효율적인 법률 서비스를 부담 없이 이용할 수 있는 '문화'를 마련하는 것이었다.

나는 부산지방법원, 조금 더 거슬러 올라가서는 창원지방법원에 근무하면서 다른 무엇보다 재판을 잘 하자는 것을 목표로 삼아 두 가지 토대를 마련하는 데 힘을 기울였다. 하나는 스마트법정

구현이고 다른 하나는 바로 '예술법정'이었다. 스마트법정의 다양한 활용방안을 여기서 모두 열거할 필요는 없지만 부산지방법원에 근무했을 당시 회의가 95퍼센트 축소되었고 업무 속도가 크게 향상되었다고 자평한다.

그렇다면 다른 한 가지인 예술법정을 도입하고 나서는 어떤 변화가 있었을까? 정량적으로 환산하기 어려운 감성의 영역이기 때문에 그 효과를 선뜻 자신하기는 쉽지 않다. 그러나 나에게는 예술법정을 구현해야 하는 구체적인 계기가 있었다. 바로 2000년경 겪었던 어떤 경험 때문이었다.

가슴이 따뜻한 법정과 만나고 싶다

2000년 미국 법원을 돌아봤을 때였다. 법정에는 법관의 가족사진이 놓여 있고 벽에는 그림들이 걸려 있었다. 미국에서는 법관 한 명이 전용 법정을 사용하기 때문에 법정을 임의로 꾸밀 수 있었다. 그러나 나는 가족사진과 그림이 걸려 있는 풍경이 그동안 익숙했던 법정이라기보다는 개인 작업실처럼 다가와 굉장히 낯설게 느껴졌다. 돌이켜보니 우리네 법정에는 시계와 달력이 전부였고, 또 그래야 한다고 알고 있었다.

나의 상식과 어긋나는 경험이 반복되면 반대로 나의 상식을 의심하게 된다. 나는 왜 이른바 선진국으로 불리는 국가들의 사법부에서 법정을 굳이 사진과 그림으로 장식하고 음악을 들려주는지 고민했다. 그러던 중에 한 가지 실마리를 찾게 되었다.

2001년 대구지방법원 시절이었다. 그때 나는 수년간 쌓인 가족 간의 감정이 법정 싸움으로까지 번진 사건과 마주하며 민사조정을 진행하고 있었다. 가족이 원수 된다는 이야기가 있지만, 서로에게 한도 없는 이해를 바라는 피를 나눈 사이이기에 가족이야말로 오히려 다른 인간관계보다 극단적으로 대립하기 쉬운 사이다. 그러나 가족 사이의 엉킨 실타래는 다시 풀 수 없을 것처럼 복잡해보이지만 단초를 제공하는 실올 한 마디만 찾아내면 의외로 쉽게 풀린다. 나는 음악에서 그 실올을 찾았다.

나는 조정에 앞서 양측을 앞에 두고 음악을 틀었다. 부모의 은혜를 노래한 〈회심곡〉이었다. 바라지도 못했던 곳에서 뜬금없는 음악이 나왔기 때문이었을까. 가만히 노래를 듣던 어머니와 자식들이 눈물을 흘리기 시작했다. 노래 한 곡으로 돌이킬 수 없을 정도로 깊게 패인 감정의 골이 금세 메워지리라고는 기대하지 않는다. 다만 그들이 많이 아프고 지쳤으리라는 생각은 들었다. 이후 양측에서는 별다른 다툼 없이 조정 합의문에 서명한 다음 조용히 법원을 함께 떠났다. 그들의 뒷모습이 내게 큰 울림을 주었다.

　2003년 성남지원에서 형사재판을 담당했을 때였다. 형사법정은 선고 시마다 피고인의 가족과 지인 등 방청객으로 붐벼 항상 만원이기 마련이다. 법정은 이들의 열기와 선고시각을 기다리는 관계인들이 뿜어내는 긴장감으로 언제나 선이 끊어지기 직전의 현처럼 팽팽했다. 그 속에서 나는 2001년 그때의 경험을 떠올렸다.

　이후 나만의 작은 변화가 시작되었다. 2003년 3월경부터 재판을 오전에는 9시 20분경, 오후에는 1시 30분경에 시작하는 것으로 하고 오디오 시스템으로 개정 전 30분 정도씩 법정에 음악을 불어넣었다. 적절한 음반은 그때마다 고민했지만, 특별한 일이 없으면 마음을 가라앉히는 가야금 연주곡, 클래식, 명상음악을 주로 골랐다.

　아주 사소한 변화였지만 지금까지 한국 법정에서는 없었던 시도였다. 재판의 권위를 해친다는 비판과 반론도 예상했다. 그럼에도 내게는 초조한 시간에 들려주는 차분한 음악이 법정에 있는 이들에게 재판을 받아들일 수 있는 정신적 준비를 도와줄 것이라는 믿음이 있었다. 실제로 이전보다 한결 차분한 표정으로 재판을 기다리고 있는 당사자들을 마주하고 재판과 예술의 접목에 대한 확신이 들었다.

예술은 흐느끼는 인간을 안아준다

여기 한 남자가 있다. 그는 14세에 신학교에 들어가 심각한 내적 갈등을 겪으며 자살을 기도했다. 이후 옮긴 학교에서도 적응을 하지 못하고 아웃사이더로 살다가 퇴학을 당했다. 세 번에 걸쳐 결혼과 이혼을 반복했으며 두 차례 세계대전을 겪은 유럽의 상처를 그대로 받았다. 나치정권을 비판하다가 국민들에게 배신자로 공격받았고 나치 정부로부터는 절필의 위협을 받았다. 정신분열증에 걸린 배우자와 평생을 부양해야 하는 장애를 앓는 막내아들을 바라보며 깊은 상실감을 맛보기도 했다.

그런 그에게 칼 구스타프 융이 그림을 권했다. 그는 정신 치료를 받으며 그림을 접했다. 그의 나이 마흔 무렵이었다. 이후 그는 '너무 긴 삶과 너무 긴 죽음에 지쳤다'라는 메모를 남긴 마지막 그림까지 평생 붓을 놓지 않았다. 그에게 그림은 고통을 잠시 망각하게 해주는 힘이었다. 우리에게 《데미안》과 《수레바퀴 아래서》로 널리 알려진 대문호 헤르만 헤세Hermann Karl Hesse의 이야기다.

정신의학자들은 자신의 내면을 들여다보고 다독이는 방법으로 글과 그림을 권유한다. 그 가운데 그림은 보다 직관적이고 시각적인 표현이다. 글이 사유로의 침잠이라면 그림은 탈출이다. 그래서 글로는 위로받지 못한 상처를 가진 이들도 그림으로는 안식을 얻는 경우가 많았다.

헤르만 헤세뿐만이 아니라 나치 친위대 경력과 진보로의 전향이라는 극적인 삶을 살았던 귄터 그라스, 외상 후 스트레스 장애를 앓았던 커트 보네거트, 어린 시절 받은 학대를 극복하고자 했던 베아트릭스 포터 등 많은 문호들이 그림으로 위로를 받았다. 그들은 죄책감과 분노, 고통 등을 그림을 통해 떨쳐냈다. 나아가 직접 그림을 그리기도 했는데 그 기술적 경지야 화가에 비할 수준이 아니지만 절절함만은 자신들이 쓴 글에 못지않았다.

청각 콘텐츠는 들으면서 동시에 다른 일을 할 수 있지만 귓가를 스치고 지나버릴 수 있다는 점이 아쉬웠다. 청각 콘텐츠는 즉각적이지만 어느 정도는 수동적이다. 시각 콘텐츠의 장점은 이와 반대다. 무심코 보는 것만으로도 의도와 감동이 전달될 수 있다. 지속적이고 능동적이다.

한 장의 그림과 사진은 보는 이에게 많은 이야기를 전해 준다. 곰곰이 들여다 본 시간의 길이만큼이나 사진 속의 피사체와 그림 속 터치에 사연을 입힐 수 있다. 보는 이의 심상이 투영된 해석으로 정지된 이미지는 숨을 쉰다. 미국의 비평가 수전 손택^{Susan Sontag}은 《사진에 관하여^{On Photography}》에서 이렇게 말하기도 했다. "사진의 힘은 우리로 하여금 어떤 한 순간, 시간의 정상적인 흐름이 곧 제자리에 돌려놓을 순간을 마음껏 검토할 수 있도록 해준다는 데 있다." 삶에서는 모든 순간이 중요하거나, 빛을 발하거나, 영원히 고정되는 일이 일어나지 않는다. 그렇지만 사진과 그림에서는 '잠시 멈춤'이 발생한다.

법원으로 들어오는 입구부터 복도를 지나 법정에 이르기까지, 시야에 닿는 요소요소에 시각 콘텐츠가 게시되어 있으면 얼마나 좋을까. 하지만 미국이나 유럽과는 다르게 법관 개인의 전용 법정이 갖춰져 있지 않은 우리나라의 실정에서는 실천할 수가 없어 아쉬움을 참아야 했다.

법정이 그림을 만나자 기적이 되었다

그러던 중 2012년 스칸디나비아 삼국 출장 중에 스웨덴의 한 지방법원에 들렀을 때 나는 다시 놀라게 되었다. 법정 바닥에 오크 원목이 깔려 있고, 벽 세 개 면이 온통 지역작가들의 그림과 사진들로 채워져 있었기 때문이다. 법원은 아니지만 노르웨이 오슬로 시청사 로비 또한 벽면 전체가 장엄하고 커다란 그림판이었다. 매년 노벨 평화상 시상식이 그 로비에서 열리고 있는 이유에 대해 충분히 납득할 수 있었다. 더 이상 미룰 수 없겠다고 여긴 나는

─ 변화하고, 변화되고, 변화시켜가고

2014년 2월경 창원지방법원장으로 부임하면서 그간 가슴에만 간직해 오던 법정과 감성의 접목을 시작했다.

120년 한국 근대사법 도입 역사에서 최초의 시도이기 때문에 자못 조심스러웠다. 처음에는 소년법정과 협의이혼대기실에 화사한 그림과 사진을 걸었다. 온화한 그림으로 경계심과 상처를 누그러뜨리자는 취지였다. 나그네의 옷을 벗기는 것은 몰아치는 바람보다 따뜻한 햇살이기 마련이다. 그렇게 법정에 드나드는 사람들의 반응을 살펴가며 조금씩 예술법정을 확대해나갔다.

그림을 하나하나 걸었던 과정에서 특히 기억에 남는 그림은 〈봄밤〉이다. 돌아가신 화백께서 자신과 아들의 모습을 그린 유작이었다. 아들은 판사 임관 6개월 전 눈을 감으신 모친의 작품을 자신이 일하는 법정에 걸었다. 대법정에는 뇌성마비를 극복한 '오체투지'의 작가 한경혜 화가의 작품이 법정에 들어서는 이들에게 조용하지만 깊고 울림 있는 물음을 던졌다. 중법정에는 저명한 추상화가 '코발트 블루' 전혁림 화백의 작품이 인연법의 도움으로 대여되었다.

메시지가 직접적인 서예작품을 어느 복도에 어떻게 걸 것인지를 정하는 등 작품의 제 위치를 찾는 것은 꽤 힘든 작업이기도 했다. 제 위치를 찾는다는 것부터가 일종의 예술 감각을 필요로 하는 작업이기 때문이다. 또한 예산 문제로 예술인들의 재능기부에 의존할 수밖에 없었던 일 또한 돌아볼 때마다 아쉽다.

이 모든 과정이 직원들의 헌신적인 노력으로 이루어졌고, 잊지 못할 추억으로 남았다. "(리더의) 진심은 (구성원의) 감동을, (구성원의) 감동은 (조직의) 기적을 만든다"는 말대로 혼연일체가 되어 움직였던 시기였다.

전자법정이든 예술법정이든 목표는 같다. 사법서비스의 수요자인 국민의 시각에서 법정을 재설계하고 궁극적으로는 사법부가 국민의 신뢰를 확보하고 수긍할 수 있는 재판을 할 수 있는 환경을 조성하자는 것이다. 또한 법원에는 법을 찾는 시민들만 있는 것이 아니다. 그곳이 일터인 법원 직원들 또한 법원의 중요 구성원이다. 나는 시민들뿐만 아니라 내부직원과도 전자법정이라는 이성과 예술법정이라는 감성을 통해 이야기를 나누고 싶었다.

누군가에게는 '그깟 그림 한 장'이겠지만 그깟 예술을 위해 자신의 전 인생을 걸었던 예술가들이 있었고, 그 그림에 위안을 받은 사람들이 있었다. 그 작은 위로들이 우리 삶을, 거창하게는 역사를 보다 나은 방향으로 더디지만 꾸준하게 바꿔가고 있다고 믿는다. 예술법정 프로젝트는 그렇게 믿고 진행되었다. 그리고 예술법정은 지금 11개 법원, 지원으로 확산되었다.

9장

때로는 나도
변화가 불편하다

25. _____ 이별에도 축제가 필요하다

김약행金若行은 조선 중기 문신이다. 어느 날 그는 유배지로 온 편지를 받았다. 무슨 일인가 급히 펴니 부인이 별세했음을 알게 되었다. 그는 바닥에 주저앉았다. "오십여 년을 고생만 시켰습니다. 늦게나마 급제하여 근심을 잊게 해줄까 싶었는데 이렇게 떠나는 길도 보지 못했습니다. 거문고 줄이 끊어지니 다시 잇기 어렵고, 아름다운 당신을 떠올려도 다시는 만날 날이 없으니 만사가 부질없습니다." 그는 소식을 전해준 이에게 편지를 당부하며 성복을 하려고 했으나 유배지에 묶인 처지에 돈이 있을 리 없었다. 김약행은 습관처럼 주머니를 뒤지다 그만 다리부터 무너져 내려앉았다. 그리고 해변을 부유하며 몰래 흐느꼈다.

김약행은 그 날 일기를 이렇게 끝맺었다. "이제 망자는 다시 만

─ 변화하고, 변화되고, 변화시켜가고

날 수 없고, 산 자는 다만 세월을 견딜 뿐이다."

어머니와 아주 길게 이별하게 되었다. 가시는 길을 마중 나갔다가 오랜만에 고향 본가에 들렀다. 그리고 이제 텅 빈 곳에 누워 내려가지 않는 눈을 억지로 감았다. 태어나서 중학교를 졸업하던 1973년까지의 추억들이 오롯이 담긴 집이다.

서울에서 이곳까지 세어보면 210킬로미터가 나온다. 그다지 먼 곳이 아니다. 하지만 지금도 저기 계실 것만 같은 어머니의 모습이 보이지 않으니 아주 멀고 서먹하게 느껴진다. 나는 바닥의 작은 흠부터 벽의 얼룩까지 낱낱이 알고 있던 이 곳에서 낯선 사막의 타는 모래를 혼자 엉금엉금 기어가는 아득함을 받는다.

누구나 나이가 들면 과거를 추억이라는 파편화된 데이터로 끄집어내 부둥켜안고 지내는 법이다. 하지만 과거는 재현되지 않는 데이터일 뿐이다. 머릿속에 겹겹 층계를 이루면서 쌓여 있는 환영이다. 인생은 결국 이 순간 이 장소에서 빛날 뿐인데도 우리는 과거에 붙잡혀 제자리를 맴돌고 만다. 저 우주적 관점에서 어제와 오늘이란 인간이 만든 관념처럼 대단한 의미가 있지 않을 것이다.

하지만 이제 어머니가 부재한 세월을 견뎌야 하는데, 그럼에도 여전히 어머니의 흔적들은 존재하는데, 그리고 저 곳에서 나는 숨이 헐떡거리는 누군가의 아들로 존재했었는데, 어떻게 이 모든 것

— 인생의 밀도

들이 현실에서는 부재하고 기억에서만 존재할 뿐인 아련한 환영 같은 것이라고 이야기할 것인가.

　빈집에서 다시 나는 홀로 눈을 감았다. 눈 감은 지금, 지금이 어머니의 목소리가 생생한 그 시절에 꿨던 미래의 꿈이라면 차라리 어떨까 생각했다. 다시 천천히 눈을 떴다.

영원한 고향을 하늘의 별로 보내고

어느 설날 장모님과 이별했다. 결혼한 다음 우리 부부는 잠시 처가에서 장모님과 함께 살았다. 그때 나는 넘치는 사랑을 받았고, 부실했던 몸을 추스를 수 있었다. 장모님께서는 호스피스 병동에서 떠나셨다. 이별 앞에서 암담함을 느꼈다. 이제 곁에는 장인어른만 남아 계신다.

　그로부터 2년 후 어머니를 떠나보내게 되었다. 언어중추가 파괴되어 말씀 한 마디 못하신 채 침대에서도 내려오지 못하는 생활을 견디셨다. 주말이 되면 형님이 계신 진주에 내려가 어머니를 뵈었다. 그리고 곱은 손을 더듬으며 반나절을 보냈다. 어머니께서는 말씀을 못하시지만 눈빛으로 아들을 반겼다. 창원법원에 내려간 인연의 단초도 어머니였다.

사회에서 판사인 나는 아들로서 나의 판단을 회의했다. 이렇게 고생하시는데 빨리 편하게 해드리는 것이 낫지 않을지, 아들의 욕심과 미련으로 어머니를 잡고 있는 이 손을 놓지 않는 것은 아닌지 번민했다. 한편으로 이렇게 여전히 어머니의 얼굴을 볼 수 있다는 자체가 복이라는 생각도 들었다. 생각의 마가 찾아올 때마다 나는 어머니의 손을 더 꼭 잡았다. 어머니께서 누운 채 조금씩 희미해지는 만큼 나는 조금씩 무너지고 있었다.

나만의 특별한 사연은 아닐 것이다. 이 나이가 되어 보니 친구들을 둘러 봐도 양가 어른들과 모두 헤어진 이들이 많아졌다. 하지만 누군가와의 이별은, 특히 어머니와의 이별은 생에서 수없이 반복된다고 해도 결코 익숙해지지 않을 것이다. 그렇게 두 분의 어른을 병원에서 저 하늘로 보내 드리고 나니 한동안 우리의 삶이란 결국 병원으로 가기 위한 일방통행이 아닌지 회의가 들기도 했다.

망자에 대한 예의는 남은 자들을 다독이는 것이다

1977년 할머니께서 돌아가셨다. 손자 손녀들이 모두 모인 자리에서 벽에 등을 기대고 앉은 채 잠시 눈을 붙이듯 조용히 떠나셨다. 평소 베푸는 삶을 실천하셨기 때문인지 할머니께서 긴 여행을 떠

— 인생의 밀도

나신 모습을 보며 동네 분들은 '부처죽음(좌탈입망)'이라고들 했다.

내가 아직 초등학생일 때 할아버지께서 먼저 돌아가셨다. 그때 할머니께서는 마당에서 춤을 추셨다. 시골집 마당에서 손자들에게 아무도 못 울게 엄명을 내리신 다음 그렇게 소복을 입고 춤을 추셨다. 누군가 통곡이라도 하면 할아버지께서 미안함에 좋은 곳으로 떠나시지 못할 것이라고 하셨다. 삼일장을 치르는 동안 우리는 아무도 곡소리를 내지 못했다. 할머니께서는 그것이 망자에 대한 예의라고 여기셨다.

할머니께 죽음은 영원히 회복되지 못할 과거나 남은 자들의 슬픔이 아니라 언젠가 누구나 가야 할 당연한 과정이었다. 당신께서는 언젠가 자신과도 헤어질 손자들이 어려서부터 이별 연습을 하기를 바라셨다. 나는 어머니와 헤어질 때, 장모님과 헤어질 때 그런 할머니의 모습을 떠올렸다.

불교에서는 49일 동안 망자가 먼 곳으로 잘 떠날 수 있도록 재를 드린다. 49재를 겪어보니 이 의식은 망자를 위한 기원이 아니라 남은 자들을 다독이는 과정이었다. 49일 동안 망자의 부재를 받아들이고, 서서히 마음의 끈을 놓아 정리할 수 있도록 긴 이별의 시간을 마련한 것이었다. 직접 겪어보니 제사도 떠난 이를 통해 남은 이들이 마음을 다스리며 새로운 내일을 준비할 수 있도록

하는 산 자의 의식이었고, 장례 또한 떠난 이와 홀가분하게 이별할 수 있도록 남은 자들을 위로해주는 산 자의 의식이었다.

어머니께 받은 가장 큰 유산

1963년 내가 여섯 살이 되던 해에 아버지께서 돌아가셨다. 그래서인지 나에게는 아버지의 얼굴이 희미하다. 그저 아버지의 상여가 나가던 날 못자리 위에서 흙 다지기를 하며 철없이 즐거웠던 기억만 선명하다. 대대로 농사만 지어온 집안이고 특별히 법조와 연이 있는 것도 아니었다. 그런데 육남매를 안고 있던 어머니를 위로하려던 것이었을까. 상여꾼 가운데 한 명이 뜬금없이 "이 집안에 판사가 나온다"고 이야기했다. 마치 예언이 실현되는 것처럼 나는 법관이 되었다.

"그때 그 시절 남편을 여읜 젊은 여성이 홀몸으로 아이들을 키워냈다." 이렇게 짧게 정리되는 문장을 담담하게 말할 수 있는 한국인은 많지 않을 것이다. 저 글자 사이사이에는 차마 말로 다하지 못하는 수많은 한숨과 인내와 이야기가 숨어 있다는 것을, 우리는 알고 있다. 그저 그때 흙장난을 하던 나를 어머니께서 어떤 심정으로 바라보셨을지 헤아려본다.

어머니께서는 베풀기를 좋아하셨다. 지금 여기 나는 수많은 사람들의 공덕이 쌓인 결과이며, 언젠가 나 또한 살아가며 받은 만큼 다른 이들에게 기꺼이 어깨가 되고 방패가 되어야 한다는 것을 자각한다. 어머니께서는 입이 아닌 등으로 말씀하셨다. 나는 할머니와 어머니께서 마주하는 누구도 허투루 대하지 않고 최선을 다해 대하는 모습을 등 너머로 보며 자랐다. 뒤돌아 미련이 남지 않도록 내일에 대한 다짐이 아니라 바로 오늘 힘껏 마주한 이를 안으라는 교훈을 말이 아닌 행동으로 배웠다. 그것은 세월을 견디셨던 어머니께서 아버지와 이별하시며 얻은 깨달음이기도 했다.

그것이 내가 어머니께 받은 가장 선명한 유산이다. 만약 어머니를 다시 만날 수 있어 낳고 키워주신 은혜를 어떻게 갚으면 좋겠냐고 여쭙는다면 내가 어떻게 여기 있을 수 있는지를 되물으실 것이다.

지금 여기 있는 나는 수많은 사람들에게 도움을 받았다. 중학교 3학년 때 장익훈 담임선생님께서 매주 주말마다 완행버스를 타고 대구지역의 명문중학교들을 찾아다니며 학습 유인물을 구해주셨다. 나는 구미 선산중학교에서 그것을 받아보며 편하게 공부할 수 있었다. 고등학교 3학년 때 권경오 담임선생님께서는 내가 내민 대학 원서를 찢고는 다시 도전해보자고 격려하셨다.

1989년 초임판사를 막 지났을 무렵 계곡에서 헤엄을 치다가 물에 빠진 적이 있었다. 그때 지나가던 등산객이 등산용 돗자리를 던져 나를 구한 다음 이름 한 자 남기지 않고 사라졌다. 그 분에 대한 기도는 생의 마지막까지 함께할 것이다. 2002년 업무과로로 몸이 망가져 사표를 제출했었을 때에는 당시 수석부장께서 나를 잡아주고 기다려주셨다. 언젠가 후배 법관이 부당하게 불이익을 받은 데 격분해 좌충우돌하고 있을 때 한 선배께서 나를 변소해 무사히 넘어갈 수 있었다. 인생 길을 걸으며 넘어질 때마다 수많은 이들의 선의라는 어깨를 딛고 다시 일어설 수 있었다. 다만 나 또한 누군가에게 어깨가 되고 방패가 되었기를 바랄 뿐이다. 그것이 어른들에 대한 효*일 것이라고, 나는 배워왔다.

모든 이별은 낯설다. 그래서 우리는 호상이라는 이름으로 이별을 축제처럼 만들기도 한다. 그러나 모든 부재는 결국 황망할 수밖에 없기에 호상이란 모순일 뿐이다.

다만 서로 이별의 감정을 나누고 덜 수는 있다. 떠나는 이에게 좋은 감정을 가지고 있던 이들이 모여 망자의 빈자리를 메우고 떠나는 이를 떠올릴 때다. 평소 주변의 곤궁함을 지나치지 않았던 이라면, 쌓아온 것을 나눈 이라면 많은 이들이 그를 배웅해줄 것이다. 그리고 사람들이 많이 모이면 대개 떠들썩한 축제가 된다.

— 인생의 밀도

26. _____ 당신은 당신의 이름으로 불리는가?

새삼스럽게 나의 이름을 불러본다. 나의 이름은 강민구姜玟求다. 한
때 나는 '문구'라고 불렸다. 초등학교에 입학하면서 생활기록부에
'민'이 '문'으로 적혔다. 한 번 잘못 쓰인 기록은 5년을 이어갔다.
만약 초등학교 6학년 때 최영판 담임선생님이 이를 알아차려 바
로잡아주시지 않았으면 지금까지도 잘못된 이름으로 불렸을 것
이다.

누군가는 나를 '판사'라고 부르고, 누군가는 나를 현재 몸담고 있
는 공간으로 부른다. 누군가의 아버지로 불리기도 하고, 누군가의
선배이자 후배로 호명되기도 한다. 사회생활을 하다 보니 별명도
여럿 붙었다. 몇 가지를 꼽아보자면 '스티브 강스'와 같은 쑥스러운
별명도 있고 '강줌마'나 '바보판사'와 같은 재미있는 별칭도 있다.

       — 변화하고, 변화되고, 변화시켜가고

스티브 강스는 나의 IT에 대한 관심과 사법정보화 사업과 관련된 이력 때문에 붙은 듯하다. 쉽게 짐작할 수 있듯이 스티브 잡스에 나의 성을 붙인 것이다. 영광스럽기는 하나 한편으로 쑥스럽기도 하다.

강줌마 또한 내가 살아온 흔적을 드러낸다. 부임지에 따라 이리저리 거처를 옮기며 관사에서 생활하던 시간들이 제법 되다 보니 요리 솜씨 또한 제법 늘었다. 언젠가 함께 일하던 동료들이 내가 머물고 있던 관사에 놀러와 직접 끓인 미역국을 먹고는 이런 별명을 붙인 게 지금까지 이어지고 있다.

언론을 비롯해 누군가 나를 소개할 때 호의적이든 그렇지 않든 반드시 빠지지 않는 문구가 있다. '법원 내 대표적인 IT 전문가'라는 것이다. 나는 남들보다 운 좋게 조금 더 빨랐고, 처음 품었던 호기심과 흥미를 지금까지 놓치지 않았을 뿐이기에 부담스러운 태그다. 한편으로 한국 사법정보화에 어느 정도 공헌을 했다고 인정해주는 것 같아 내심 쑥스럽기도 하다.

이 가운데 가장 마음에 드는 별명은 '바보판사'다. 복잡하게 얽힌 사건이나 장기 미제 사건을 뒤로 미루지 않는 일 욕심 많은 재판장 덕에 고생한 배석판사들이 붙인 별명이기도 하다. 대학 시절 강의를 받아 적은 노트를 누구에게나 제공하고, 재판부 시절 힘들여 정리한 자료를 조건 없이 나누기도 했다. 군 시절에는 아직 고시공부를 하는 동기들을 위해 매주 주관식 예상문제를 선정해 보내기도 했다.

'바보판사'라는 별명이 붙은 까닭 가운데 하나는 호기심이 많아 새로운 시도를 마다하지 않고 시행착오를 겪어가며 익혀 나가는 모습 때문이기도 하다. 다만 호기심이 돈이 되는 방향으로는 몰리지 않았는지 재테크 감각은 제로다. 요즘 같은 세상에는 흉이라고 한다. 그래서 부동산이나 재테크 얘기만 나오면 꿀 먹은 벙어리가 되고 만다. 특별히 청빈한 선비 흉내를 내고자 하는 것은 아니기에 시절의 흐름을 잘 타는 주변의 성공담을 들으면 솔직히 속이 쓰리기도 하지만, 그 또한 내 길이 아니겠거니 하고 '여우의 신포도'처럼 체념한다. 그저 잘 자라준 아이들이 최고의 재테크라고 속 좋게 생각할 뿐이다.

내가 오롯이 나의 이름으로 불리는 순간은 일 년에 한 번, 7월 마지막 일요일에서다. 오래 전 고향친구들과 그날에는 무조건 한 자리에서 모이기로 약속을 했다. 그날 엉기정기 앉은 우리는 막걸리 거른 찌꺼기에 사카린을 타서 나눠먹었던 기억, 하얀 눈이 덮인 동네 뒷산에 함께 올라 땔감을 한 망태씩 해오던 추억, 어스름한 저녁에 함께 모여 짚으로 초가에 덮을 지붕 이엉을 만들던 때

ㅡ 변화하고, 변화되고, 변화시켜가고

를 떠올리며 이야기를 나눈다. 그때 나는 다시 강민구가 된다.

우리는 자신의 이름을 돌려받는 것이 두렵다

우리는 모두 저마다의 이름을 가지고 있다. 그러나 이름의 주인은 호명되는 당사자가 아니다. 우리는 태어날 때부터 타인에게서 타인과 구별 짓는 이름을 받아, 죽을 때까지 타인으로부터 그 이름으로 불린다. 다들 그렇게 알고 있지만, 이 말은 맞지 않다. 우리는 살아가며 본명이 아닌 다른 이름으로 더 자주 불린다. 보통은 사회와 조직 안에서 부여받은 직책명이나 직업명, 위치가 이름을 대신하기도 하지만, 타인과 구분되는 자신의 어떤 특성을 빗댄 별명으로 불리기도 한다. 그렇게 불리는 나의 이름이란 내 것이 아니지만 나를 증명하는 근거가 된다. 그래서 자기 자신이 어떻게 불리는지를 가만히 들여다보면 자신이 가진 사회적인 의미를 재발견할 수 있다.

지금 은퇴를 고민하거나 또는 막 은퇴한 한국의 남성들은 그간의 삶에서 여러 이름으로 불려왔다. 태어나서는 호적에 올린 이름 대신 험한 아명兒名을 받곤 했다. 귀한 아이가 행여 시기와 미움을 받을까봐 부모가 예방주사를 놓듯이 일부러 못난 이름을 붙인 것이다. 불릴 이름에서부터 세심하게 타인과의 관계를 살폈다는 점에서 볼 때, 한국 남성은 이미 일찍부터 사회관계망 안으로 들어간 셈이다. 이후 학교에 들어가면서 본명을 찾지만 친구들과 새로운 관계를 맺으며 이름은 별명으로 바뀌게 된다. 만약 학창생활에서 특별하게 두각을 나타내지 못했다면 학교로부터는 행정편의를 위해 '가나다'나 키, 또는 성적순으로 붙여진 번호로 불리게 된다.

계급으로 불리던 군역을 마치고 사회로 돌아오면서 가까스로 자신의 이름을 찾는가 싶지만, 곧 직장에 소속되면서 직장 안의 역할과 위치가 나의 이름을 대신하게 된다. 가정에서도 사정은 별반 다르지 않다. 나와 함께 미래를 걸어가기로 약속했던 이는 언젠가부터 나를 이름 대신 아이의 이름에 '아버지'라는 역할을 붙여 부르기 시작한다.

한국의 남성들이 비로소 자신의 이름을 찾을 때는 자신을 부르는 다양한 호칭들에 얽힌 모든 관계망들과, 그 속에서 완수해야 했던 책임들이 어느 정도 정리된 은퇴 시점이 되어서다. 그래서 우리는 자신이 오롯이 이름으로만 불리게 되는 때를 두려워한다. 사회 안에서 자신을 정의했던 모든 특성들이 벗겨지면서 처음 태어나 이름을 받았을 때로 돌아가야 하기 때문이다.

　　　　　　　　　　 — 변화하고, 변화되고, 변화시켜가고

다시 삼십 년, 우리는 어떻게 불려야 할까?

명함을 가만히 들여다보면 명함의 주인 이름이 크게 새겨져 있고 귀퉁이에 소속과 직함이 이름을 따라가듯 아주 작게 붙어 있다. 하지만 명함에서 가장 중요한 정보는 이름이 아니라 작게 덧붙여진 직함과 소속임을 명함을 버릴 때가 되어서야 깨닫게 된다. 은퇴를 한다는 것은 나의 모든 명함을 버려야 한다는 것을 의미한다. 그래서 나는 누군가의 새로운 명함에 '전前'으로 수식된 과거 직함이 새겨진 것을 볼 때마다 공감이 간다.

지금까지 '은퇴'라는 말을 계속 써왔지만 그다지 엄밀하지 못한 표현이다. 은퇴는 사회 활동에서 손을 떼고 집오리처럼 한유하는 처지를 가리킨다. 오늘날 나이가 차 그간 소속되었던 조직에서 떠나는 이들은 은퇴하는 것이 아니다. 다만 지금까지와는 다른 일을 하게 되면서 명함을 바꾸거나 버릴 뿐이다.

기술의 발전으로 우리의 평균 수명은 비약적으로 늘어났다. 누군가는 자신의 연령에 곱하기 0.7을 해야 그간 봐왔던 선배 세대의 육체적, 사회적, 정신적 연령과 비슷해진다고 한다. 오늘날 고희는 예전 50대 초반의 몸 상태와 사회적 역할을 가지고 있다는 이야기다. 환갑 정도 가지고서는 버스나 지하철 노약자석에 앉을 엄두도 내지 못하는 사정을 살펴보면 과히 틀린 말은 아닌 것 같다.

— 인생의 밀도

그러나 이렇게 늘어난 수명은 현대인에게 축복뿐만 아니라 저주가 되기도 한다. 우리는 우리의 선배들이 은퇴한 다음 그간의 삶을 직시하며 스스로를 정리해 거뒀을 시기에 이십 년, 삼십 년 후를 걱정해야 한다. 이십여 년을 준비해 명함을 만들고 또다시 명함을 버릴 때까지 이십여 년 간 누군가의 아버지와, 직장 상사와, 거래처 협력자로 살아왔는데 충분히 준비할 시간도 없이 또 한 번의 이삼십 년을 시작해야 하는 것이다. 그렇기에 이른바 '은퇴 이후의 삶'은 인생에서 덤이 아니라 새로운 시작이 되고, 4차산업혁명 같은 것과는 비교도 되지 않을 정도로 급하고 근본적인 변화가 된다.

사회인으로서 부여받은 이름들을 내려놓고 인간관계도 정리되었을 때 우리는 자연인인 스스로와 겨우 마주하게 된다. 그 경험은 나를 이름으로 불러주는 어릴 적 친구들과 만나기 위해 고향으로 돌아가는 것과 흡사하다. 그러나 우리는 머리가 희끗해진 친구들과 과거를 추억하는 것이 아니라 내일을 살아내기 위해 기대와 두려움을 모두 품고 고향을 떠나는 심정으로 다음을 준비해야 한다. 지금까지의 명함을 버리고 새로운 명함을, 명함에 새길 나에 대한 정보들을 하나둘씩 채워나가야 하는 것이다.

지금까지 우리는 누군가의 아버지이자 아들이자 남편으로서 누구 못지않게 치열하게 살아왔다. 그 분투에 대해 다른 사람이 아닌 스스로가 그동안 고생했다고 위로해주자. 지금까지 우리는 살기 위해 수없이 타협하고 때로는 책임질 것이 많아 어쩔 수 없었노라 변명하며 살아왔다. 그 비겁함을 똑바로 바라보되 다음부터는 조금 더 솔직하게 살아보자고 격려해보자. 지금까지 살아내기 위한 삶이었다면, 지금부터는 스스로의 이름이 따르는 대로 살아가는 삶을 준비해보자.

우리 뒤에는 수없는 갈림길이 있었고, 앞에도 변화와 결단을 강요하는 갈림길들이 무수히 놓여 있다. 살아가는 한 그것을 피할 수는 없다. 피할 수 없음을 깨닫게 된다면 변화 앞에 놓인 스스로를 긍정하게 될 것이다. 변화 앞에서 당당해질 수 있다면 오히려 그 변화를 반기게 될 것이고 그 끝이 궁금해 계속 걸어갈 수 있을 것이다. 변화가 시작되는 길목은, 실은 나 자신의 본체를 찾아서 스스로 확인하고 받아들여 나가는 과정에 놓여 있다.

아침에 눈을 뜨는 것은 언제나 버겁다. 어제의 피로와 미련이 채 가시지 않았다면 일어나기도 전부터 짜증이 밀려오기도 한다. 그럼에도 우리는 꾸역꾸역 일어나 하루를 시작해야 한다.

프레즌트^present에는 두 가지 뜻이 있다. 하나는 널리 알려진 '선물'이고 다른 하나는 '현재'다. 이 진부한 이야기를 꺼내는 까닭은 동어반복적이지만 진부하지 않기 때문이다. 새로운 오늘은 언제나 진부하지 않다.

나는 아침에 눈을 뜬 다음 자리에서 바로 일어나기 버거울 때마다 24시간이라는 선물이 하늘에서 금송아지처럼 내려온다고 생각한다. 그리고 눈을 감은 채 24시간을 분으로 환산하고 다시 초로 환산한다. 그렇게 숫자 하나하나를 헤아리다 보면 '이렇게 엄청난 숫자가 이 침대 위로 내려 왔구나, 나는 이것을 분 단위 초 단위도 허투루 허비할 수 없겠구나' 싶은 생각이 든다.

새벽에 눈을 뜬 다음 나는 스마트폰을 리부팅한다. 그리고 화장실에 가 다시 새롭게 시작한 스마트폰을 켜고 '나한테 카톡하기'를 열어 말로 입력해 할 일 목록To do list 개념으로 오늘을 계획한다. 오늘 반드시 해야 할 일과, 하고 싶은 일과, 할 수밖에 없는 일들을 떠올리며 정리하면 일기를 미리 쓰는 것 같은 기분이 들기도 한다.

시간이 흘러 출근한 다음이나 낮 시간이 되면 '강민구 카톡'을 열어 그때 무슨 기록을 남겼는지를 확인해본다. 그리고 이미 마친 일과 빠뜨린 일을 다시 정리한다. 나이가 나이인 만큼 자주 깜빡하게 되어 첨단 기기의 도움을 받을 수밖에 없다.

하루를 마무리하는 조각모음

퇴근하고 나면 아내와 종종 인터넷 TV로 2,500원에서 4,000원 정도 하는 영화를 본다. 아내와는 1983년 친구의 동생으로 만나 처음 얼굴을 본 지 50일 만에 운명처럼 결혼했다. 이렇게 함께 영화를 보는 그녀는 내가 받은 인생의 가장 큰 선물이다.

책을 읽다가 잠자리에 들 무렵에는 반드시 침대에 눕기 전에 하루를 정리하는 시간을 가진다. 모든 종교에는 고요히 나를 돌아보며 마음의 빈 공간을 없애주는 시간이 있다. 나는 컴퓨터에서 조각모음을 하듯이 하루 동안의 경험들을 차곡차곡 정리하면서 오류를 찾아낸다.

예전에는 집에 사랑방이라는 아버지만의 공간이 있었다. 우리는 사랑방을 친구들과 교류하기 위한 장소로만 알고 있다. 그러나 그곳은 오직 자신에게만 몰두할 수 있는 아버지만의 영역이기도 했다. 조선시대든 오늘날이든 남성에게는 자신만의 동굴이 필요한 법이다. 그러나 아파트로 상징되는 현대인의 공간에 이러한 아버지만의 영역을 따로 두는 것은 현실적으로 불가능하다.

중년 이후 남성들이 자신의 동굴로 스스로를 초대해 걸어온 길을 반추할 수 있는 시간을 마련하는 '선물'은 그래서 중요하다. 공간이 없다면 시간이라도 가져야 하는 것이다. 우리의 오늘은 아주 사소한 어제의 에피소드들이 차곡차곡 쌓인 결과다. 하루하루 일상의 작은 시간들을 조각모음하지 않고 무시하게 된다면, 어느 순간 우리는 우리 자신으로부터 저만치 달아나게 되어 정말 '아저씨'가 되어버리고 말 것이다.

누군가는 이러한 하루를 마치 어제나 내일이 없는 것처럼, 오

＿ 변화하고, 변화되고, 변화시켜가고

늘이 평생의 처음이자 유일한 시간인 것처럼 보낸다. 그 하루는 24시간이 아니라 240시간, 24년, 240년도 될 수 있다. 소설에서나 볼 법한 극적인 경우가 아니라도, 우리는 어떤 특별했던 하루 동안의 경험을 보석처럼 간직한 채 남은 삶을 견뎠던 이들을 많이 봐왔다. 그들에게 그 하루는 삶 전체와도 맞먹는 농밀하고 길고 긴 시간이었다.

물론 모든 하루를 이렇게 밀도 있게 살 수는 없을 것이다. 다만 오늘 하루에 부끄럽지 않도록, 그리고 내일 하루라는 선물을 또 받을 수 있도록 이렇게 하루를 정리할 뿐이다. 그렇게 나는 간 하루를 기억하며 온 하루를 정리하고 올 하루를 맞이한다. 나는 오늘 어제보다 아주 조금 더 밀도가 높아졌고, 내일 오늘보다 아주 조금 더 밀도가 높아질 것이다.

책을 통해 말을 건넨다는 것은 듣는 상대방인 독자의 눈높이와 기호에 부응해 저자 내면에 흐르는 생각을 뭉텅 도려내 전달하는 행위라 생각했다. 그간 저술했던 학술 문헌들과는 그 궤를 달리하는 작업이었다. 나름 '호기심과 탐구심, 열정'의 끈을 잡고 성실하게 살아온 삶이라 그간 생각해 왔었지만, 막상 책을 쓰는 과정에서는 '과연 누군가에게 설명할 만큼 충분한 삶이었나' 하는 반성을 했다. 대중에 내면의 생각을 드러낸다는 쑥스러움이 있었고, 더 나은 모습을 보일 수는 없었을까 더 잘 설명할 수는 없었을까 하는 아쉬움도 있었다.

인생을 살면서 찾아오는 기회를 달리는 말에 비유한 이야기를 들은 적이 있다. 사람의 일생 동안 세 번의 기회가 다가오는데, 이는 스치고 지나가는 세 마리 말 가운데 한 마리를 잡아타는 것과 비슷하다 한다.

첫 번째 기회는 너무 빠른 천리마인지라 어지간히 준비하지 않고는 타지 못한다. 놓치고 나서야 '아하, 아주 좋은 기회였었구나' 하고 생각하게 된다.

두 번째도 좋은 명마이고, 또 감당할 만한 속도로 다가온다. 그런데, 첫 번째 놓쳤던 말이 아쉬워서 머뭇거리는 동안에 이 기회 또한 획 지나간다.

세 번째 말은 흡족하지 않지만 이마저 타지 않을 수 없다. 부득이 마지막 기회를 부여잡지만, 사는 동안 미련이 되어 가슴 한편에 남게 된다. 첫 번째 말을 왜 놓쳤을까. 인식하지 못했고 준비하지 못했기 때문이다. 두 번째 말은 왜 놓쳤을까. 현명하지 못했기 때문이다.

앞서 '적선지가 필유여경'을 좌우명으로 가지고 있다고 얘기했다. 직역하자면 '선을 쌓으면 반드시 경사로운 일이 생긴다'는 뜻인데, 이는 이기심을 벗어날 때 기회가 온다는 의미도 담고 있다.

경제적으로 어렵던 시대를 끝냈지만, 우리 사회에는 '나만 잘살겠다'는 이들로 넘쳐 나고 있다. 타인의 눈치를 보지 않고 기꺼이

미움 받는다는 것을 감수하겠다는 태도는 얼핏 자유로운 개인주의로 보이지만 실은 외부로부터 스스로를 차단한 채 웅크리는 소심함일 뿐이다. 타인을 적이라 경계하며 미리 차단부터 하는 태도는 서로를 믿지 못해 벽을 점점 더 높게 쌓기만 하는 악순환을 부른다. 상생과 공존의 가치를 각성해 타인에게 손을 먼저 내밀 수 있어야 비로소 이 악순환을 끊을 수 있다.

현명함이란 글자 그대로 '어질고 밝음'을 의미하는데, 이는 마음의 태도를 드러내는 동시에 성찰의 정도를 나타내기도 한다. 일찍이 율곡 이이가 격변의 미래를 앞서 보면서 10만 양병설을 주창했듯, '300만 양현 프로젝트'를 외치면서 이 사회에 첫 번째 내지 두 번째 기회를 부여잡은 현명한 사람들이 더 많아지게 되기를 희망한다. 대한민국 성인 인구의 10퍼센트인 300만 대중이 이러한 현명함을 갖춘 인재로 성숙될 수 있다면 '너도 살고, 나도 사는' 상생과 공존의 사회가 되어 새로운 미래를 맞이할 수 있다고 굳게 믿고 있다.

이 책을 읽고 나서 수긍하고 납득할 수 있는 내용으로 채워져 있다는 소감이 든다면, 아주 다행이라 여기겠다. 이제 실천만이 남았기 때문이다. 이 책에서 부족한 지식과 경험을 들으며 행여 조금이라도 도움이 되었다 여긴다면, 이 또한 더할 수 없는 보람이자 기쁨으로 받아들일 것이다. 이 책을 접하는 독자 모두가 인생의 밀도를 높여서, 변화의 시기에 자신을 향해 달려오는 천리마를 정면으로 마주하는 데 도움이 되기를 다시 한 번 마음을 담아 기원한다. 새벽은 누구에게나 공평하게 주어진다. 이제 다시 각자의 새벽이 밝아 온다.

부록

───────────────── 제4차산업혁명과 AI시대에서의 대응과 전략

강민구 판사 국민동영상

(광주김대중컨벤션홀, 업그레이드 버전)

https://youtu.be/lDzLIPyNYoo

최초 부산지방법원 고별강연

https://youtu.be/N3JYzb_pCr8

70분 KNN TV 압축본

http://www.knn.co.kr/139169?bf_cat=76

───────────────── 법원도서관 강민구 관장의 유튜브 강좌 학습

에버노트 기초

http://youtu.be/paRd5Xzpqo0

음성입력 에버노트 설명

http://youtu.be/ufyHyf0vBHQ

에버노트+아래한글 연동문서 작성

https://youtu.be/kQjgZeCfaIU

세계뉴스 보기와 산업의 혁신 보기

http://youtu.be/qt_mMCjgCuI

구글번역 앱 활용

https://youtu.be/bxW7aiuguSA

PC에서 음성입력

https://youtu.be/Qzyp-IV-dG0

Office Lens 활용

https://www.youtube.com/watch?v=FejU62yy1Fc

문자를 음성으로 읽어주는 토크 앱

https://youtu.be/jTmP3RK38y4

_____ 강민구 판사의 백만양현 필유여경 시리즈

제1탄 '파워유저의 길'

심화학습 시리즈 01 (11분 20초)

https://youtu.be/ZYJ7BWC38jQ

제2탄 '글을 잘 쓰는 법과 사례'

심화학습 시리즈 02 (11분 25초)

https://youtu.be/_7ONXHbM45I

제3탄 'SNS 활용과 대책'

심화학습 시리즈 03 (15분33초)

https://youtu.be/kq-TwS2EsfI

제4강 '스마트폰 시대의 스마트한 대응자세'

심화학습 시리즈 03 (13분 22초)

https://youtu.be/QEJ2pIhsLpQ

제5강 '삶에 있어서 중요한 덕목'

심화학습 시리즈 05 (12분 49초)

https://youtu.be/70F3uE8tB7g

제6강 '인터넷의 미래'

심화학습 시리즈 06 (23분)

https://youtu.be/LnNtNJWf4T0

인생의 밀도

다시 나를 껐다가 다시 켤 시간이다

날마다 비우고 단단하게 채우는 새로 고침의 힘

인생의 밀도

1판 1쇄 발행 2018년 2월 12일
1판 9쇄 발행 2024년 8월 22일

지은이 강민구
펴낸이 고병욱

펴낸곳 청림출판(주)
등록 제2023-000081호

본사 04799 서울시 성동구 아차산로17길 49 1009, 1010호 청림출판(주)
제2사옥 10881 경기도 파주시 회동길 173 청림아트스페이스
전화 02-546-4341 **팩스** 02-546-8053

홈페이지 www.chungrim.com **이메일** cr2@chungrim.com
인스타그램 @chungrimbooks **블로그** blog.naver.com/chungrimpub
페이스북 www.facebook.com/chungrimpub

ⓒ 강민구, 2018

ISBN 978-89-352-1201-9 03100